Mieux connaître
la Cuisine
Corse

Brigitte et Jean-Pierre Perrin-Chattard

Mieux connaître
La Cuisine
Corse

Sauf mention particulière
les photographies sont des auteurs

EDITIONS JEAN-PAUL GISSEROT

Sainte-Lucie-de-Tallano sur la vallée du Rizzanèse

Introduction

Depuis maintenant presque trente ans, attirés par la réputation de sa beauté et de son originalité, nous avons parcouru la Corse du Nord au Sud et d'Est en Ouest, en toutes saisons, sans jamais nous lasser un seul instant de ses paysages si variés et de l'accueil toujours chaleureux que nous y avons rencontré. Notre passion étant, depuis toujours, de préserver le vrai patrimoine culinaire des diverses régions de France et de le transmettre à tous, à travers des recettes facilement réalisables, nous avons conçu le projet, à l'initiative de nos nombreux amis corses, de rédiger, avec leur aide, un recueil de recettes traditionnelles de l'île, qui reflète la réalité de sa vie quotidienne depuis des temps ancestraux.

La tradition culinaire de la Corse est à l'image de la géographie de l'Ile et de son peuple. Ce dernier, confronté depuis toujours à de multiples invasions extérieures, a été régulièrement conduit à se réfugier à l'intérieur du pays et à vivre en autarcie, de chasse, de pêche en rivière, d'élevage et de produits cultivés ou sauvages qui étaient à sa portée dans les montagnes, les forêts ou le maquis. Les recettes typiques de l'intérieur sont donc à base de, gibier, de poissons de rivière, de fromage (plus particulièrement de brocciu), de charcuteries, réalisées avec les fameux cochons sauvages des montagnes, de châtaignes, d'olives (donnant la si fameuse huile d'olive du pays) et d'herbes du maquis, si parfumées qu'on les sent de loin lorsqu'on approche, en bateau, les côtes corses.

Ce n'est qu'à une époque relativement récente que des corses de l'intérieur sont descendus vers la mer et sont devenus pêcheurs. De nouvelles recettes sont donc apparues sur le littoral, utilisant les produits de la pêche côtière, poissons et crustacés.

Les recettes qui figurent dans ce livre, nous ont été suggérées par nos amis corses et ont été respectées le plus fidèlement possible.

Nous n'avons pas la prétention, dans cet ouvrage d'apprendre aux non initiés à réaliser les fameuses charcuteries corses (coppa, figatelli, lonzu, panzetta, prisuttu, etc.) qui sont inimitables et totalement irréalisables sans les produits de l'île de Beauté.

Le port de Propriano est situé au fond du golfe de Valinco.

De même, nous ne dresserons pas un inventaire des multiples fromages corses, élaborés essentiellement à partir de lait de chèvre ou de brebis, dont le Brocciu, le Niolu, le Bastelicacciu et le Venacu, portant chacun le nom de leur commune ou de leur région de production, sont les plus connus, ni des vins et des liqueurs, leurs variétés sont telles qu'ils mériteraient chacun un ouvrage particulier.

La cuisine corse est donc véritablement une cuisine de région et de produits que perpétue un peuple fier de ses traditions, qu'il a su garder intactes malgré les aléas de l'histoire.

Nous remercions nos amis corses, de toutes régions, qui nous ont aidé à la réalisation de cet ouvrage.

Soupe à l'ail

Pour 4 personnes
Temps de préparation : 10 mn
Temps de cuisson : 20 mn

- *3 belles gousses d'ail,*
- *1 jaune d'œuf,*
- *1 grosse pomme de terre,*
- *2 cuillères à soupe d'huile d'olive,*
- *1 feuille de laurier,*
- *1 pincée de thym effeuillé,*
- *8 tranches de pain (baguette) grillées,*
- *100g de fromage râpé (vieille tomme de brebis fraîchement hachée),*
- *sel et poivre.*

Couper en petits dés les pommes de terre au préalable épluchées et lavées. Ecraser les gousses d'ail également épluchées. Faire revenir le tout avec de l'huile, dans une casserole à fond épais, en évitant de faire roussir. Mouiller de 75 cl d'eau. Saler modérément, poivrer, parsemer de thym effeuillé et ajouter la feuille de laurier. Laisser cuire à feu doux pendant au moins vingt minutes. Oter en fin de cuisson la feuille de laurier. Passer la soupe avant de la disposer en soupière. Rectifier l'assaisonnement si besoin et incorporer, dans la soupière, en fouettant, le jaune d'œuf. Servir la soupe, dans des assiettes chaudes, avec des tranches de pain grillées et du fromage râpé.

Soupe au brocciu

Pour 6 personnes
Temps de préparation : 10 mn.
Temps de cuisson : 20 mn

- 1 gros oignon,
- 250 g de vert de blettes,
- 1 grosse tomate bien mûre, pelée et épépinée,
- 1 gousse d'ail,
- 200 g de brocciu,
- 1 bouquet garni (thym, laurier, romarin),
- 2 œufs battus,
- 5 cl d'huile d'olive,
- 6 tranches de pain de ménage,
- sel et poivre.

Couper l'oignon en lamelles, émincer le vert de blettes et écraser l'ail.

Faire revenir le tout, dans une casserole, avec de l'huile d'olive.

Ajouter la tomate concassée et le bouquet garni. Mouiller d'un litre d'eau. Saler, poivrer et faire cuire vingt minutes à feu moyen. En fin de cuisson, incorporer le brocciu émietté, puis les œufs battus en fouettant vivement. Verser la soupe, dans des assiettes creuses, sur des tranches de pain de ménage légèrement grillées et frottées éventuellement d'ail.

Soupe aux haricots et aux herbes du maquis

Pour 6 à 8 personnes
Temps de préparation : 10 mn
Temps de cuisson : 1 h 15 mn

- *200 g de haricots rouges secs, mis à tremper la veille,*
- *4 pommes de terre moyennes épluchées et coupées en petits dés,*
- *1 gros oignon rose émincé,*
- *2 gousses d'ail écrasées,*
- *2 tomates bien mûres pelées et épépinées,*
- *1 bouquet garni (thym, laurier, romarin),*
- *herbes sauvages : marjolaine, bourrache etc..,*
- *2 cuillères à soupe d'huile d'olive,*
- *tranches de pain de campagne,*
- *sel et poivre.*

Mettre les haricots dans un faitout et les recouvrir d'eau froide. Placer à feu doux et ajouter, dès frémissement, l'ail écrasé , l'oignon émincé, les pommes de terre, les tomates, le bouquet garni et les cuillères d'huile d'olive. Saler et poivrer. Couvrir et laisser cuire à feu moyen quarante cinq minutes.

Incorporer les herbes sauvages et poursuivre la cuisson environ trente minutes encore. Servir la soupe sur des tranches de pain frottées, selon goût, d'ail.

Soupe du Niolo aux haricots

Pour 6 à 8 personnes
Temps de préparation : 15 mn
Temps de cuisson : 1 h 30 mn

- 250 g de haricots secs rouges, mis à tremper la veille,
- 4 blancs de poireaux,
- 2 gousses d'ail,
- 1 oignon,
- 2 belles tomates bien mûres,
- 1 morceau de couenne de jambon,
- 1 bouquet garni (thym, laurier, romarin),
- 4 cuillères à soupe d'huile d'olive,
- sel et poivre.

Dans une grande cocotte, faire cuire les haricots, dans de l'eau salée, pendant une heure.

Entre temps, faire revenir, dans une autre cocotte, avec de l'huile d'olive les blancs de poireaux coupés fin, l'ail et l'oignon coupés en rondelles, puis ajouter les haricots avec leur eau de cuisson. Incorporer les tomates pelées et épépinées, le bouquet garni et le morceau de couenne de jambon. Saler et poivrer.

Couvrir et laisser frémir encore trente minutes avant de servir.

Soupe paysanne (a minestra)

Pour 6 à 8 personnes
Temps de préparation : 20 mn
Temps de cuisson : 1 h 45 mn

- *300 g de haricots rouges,*
- *200 g de haricots verts,*
- *200 g de carottes,*
- *400 g de pommes de terre,*
- *1 petit chou vert,*
- *300 g de vert de blettes*
  (au préalable blanchies à l'eau
  salée bouillante durant 3 mn et
  refroidies dans de l'eau froide
  pour les raffermir),
- *1 gros oignon rose,*
- *4 gousses d'ail rouge,*
- *250 g de potiron en cubes,*
- *2 grosses tomates bien mûres*
  épluchées et épépinées,
- *1 branche de céleri,*
- *1 branche de basilic,*
- *1 branche de menthe,*
- *1 bouquet garni (thym, laurier,*
  romarin),
- *350 g de lard de poitrine*
  de porc fumé,
- *1 os de jambon crû ou 1*
  tranche de coppa,
- *4 cuillères à soupe d'huile*
  d'olive,
- *80 g de saindoux,*
- *5 litres d'eau.*

Cuire les haricots rouges dix minutes, dans un faitout, avec de l'eau bouillante non salée.

(Si ces haricots sont frais il suffit seulement de les écosser avant de les mettre à cuire. Sinon, il convient de les mettre à tremper quelques heures dans de l'eau au préalable). Entre temps, faire revenir dans de la graisse de porc, les autres légumes : haricots verts, carottes, pommes de terre, chou, vert de blettes et potiron.

Jeter la moitié de l'eau de cuisson des haricots et ensuite compléter l'eau restant dans le faitout jusqu'à 5 litres. Ajouter les légumes revenus au préalable, l'oignon, l'ail et les tomates pilées et broyées au mortier, les branches

de céleri, de basilic et de menthe ainsi que le bouquet garni. Incorporer le lard fumé coupé en petits dés et l'os de jambon (ou la coppa). Laisser bouillonner à feu doux une heure et demie. Servir le bouillon et quelques légumes dans des assiettes creuses, sur des tranches de pain frottées, selon goût, d'ail. Présenter le reste des légumes sur un plat et les accompagner de sauce vinaigrette. La soupe doit être épaisse, la cuillère pouvant s'y tenir droite.

Variantes

Plonger dans le bouillon, vingt minutes avant la fin de cuisson des lasagnes étroites ou des macaronis contenus dans un petit sac de toile. Servir le bouillon, les lasagnes ou les macaronis et quelques légumes dans des assiettes creuses. Présenter, sur un autre plat, le reste des légumes qui pourront également être agrémentés de sauce vinaigrette.

Soupe vicolaise à la courge

Pour 4 personnes
Temps de préparation : 10 mn
Temps de cuisson : 20 mn

- *1 kg de courge de
  préférence à peau orange,*
- *1 oignon,*
- *1 l de lait,*
- *125 g de pâtes
  (tagliatelle),*
- *quelques grains de poivre,*
- *1 branche de thym,*
- *sel et poivre.*

Eplucher la courge et la détailler en gros dés. Saler légèrement et la faire cuire à la vapeur avec l'oignon, la branche de thym et les grains de poivre, pendant vingt minutes (ou six minutes à l'autocuiseur). Egoutter à la passoire.

Oter la branche de thym , les grains de poivre et l'oignon. Passer les morceaux de courge au presse purée ou au mixer, en délayant avec le lait et placer à feu doux. Cuire à part les pâtes dix minutes dans une casserole d'eau bouillante salée.

Les égoutter et les incorporer ensuite à la soupe. Laisser mijoter encore cinq minutes avant de servir.

Soupe de poissons

Pour 6 à 8 personnes
Temps de préparation :30 mn
Temps de cuisson :45 mn.

- 400 g de girelles,
- 400 g de serrans,
- 400 g de rascasses ou de vives,
- 400 g de congre ou de murène,
- sauce tomate ou de préférence 1 kg de tomates fraîches, bien mûres, pelées et épépinées et additionnées d'un morceau de sucre,
- 1 gros oignon,
- 1 poivron,
- 3 gousses d'ail,
- 20 cl d'huile d'olive,
- 1 litre de vin blanc sec,
- 1 bouquet garni (fenouil, thym, laurier, persil, romarin),
- 3 g de safran,
- sel, poivre et paprika,
- 1 kg de pommes de terre,
- 300 g de gruyère râpé,
- pain grillé.

Vider et écailler (si besoin) les poissons. Faire frire dans une poêle l'oignon, le poivron coupé en lamelles, les gousses d'ail et un poisson de chaque espèce. Verser le tout dans une marmite. Ajouter 10 cl d'huile d'olive et retourner brièvement chaque poisson destiné à la soupe dans cette huile. Mouiller de vin blanc sec. Incorporer le bouquet garni. Les tomates ou la sauce tomate viendront compléter l'ensemble. Ajouter un litre d'eau, les pommes de terre épluchées et laisser frémir trente minutes. Egoutter la chair des poissons ainsi que les pommes de terre et passer le tout dans un moulin et un tamis très fin, afin d'éviter les arêtes dangereuses dans la soupe. Rectifier l'assaisonnement (safran, paprika, sel et poivre) et conserver à feu doux.

Entre-temps, préparer la rouille qui est en l'occurrence une sauce mayonnaise accompagnée d'une purée de tomate et de piment rouge, légèrement éclaircie de bouillon constitué par la soupe elle même. Servir avec des croûtons frottés d'ail et du fromage râpé.

Soupe du pêcheur

Pour 6 personnes
Temps de préparation : 20 mn
Temps de cuisson : 40 mn

- *2 kg de poissons et crustacés côtiers (serrans, girelles, demoiselles,*
  petits sars, petits encornets, murènes et éventuellement cigales
  ou petits crabes),
- *4 grosses tomates pelées et épépinées,*
- *3 gousses d'ail,*
- *1 gros oignon,*
- *5 grosses pommes de terre,*
- *1 bouquet garni (thym, laurier, romarin),*
- *10 cl d'huile d'olive,*
- *6 tranches de pain de ménage légèrement rassis, frottées d'ail,*
- *sel et poivre.*

Vider les poissons, laver les crustacés et nettoyer les encornets en ne conservant que les tentacules (sans le bec corné) et le manteau. Faire revenir l'ensemble , dans une marmite, avec de l'huile d'olive, cinq minutes à feu vif. Mouiller de trois litres d'eau. Ajouter les tomates, les pommes de terre épluchées et le bouquet garni. Saler, poivrer copieusement et laisser cuire trente minutes, à feu moyen. Retirer les crustacés et les pommes de terre de la marmite et les disposer dans une soupière de service. Prélever à l'écumoire le maximum de chair de poissons.

Oter les plus grosses arêtes et passer ensuite la chair de poissons, avec le jus de cuisson, à l'aide d'un presse purée placé au dessus d'une grande casserole. Passer alors au chinois le liquide obtenu dans la casserole et le mettre à réchauffer à feu vif, jusqu'à ce qu'il commence à frémir. Le verser, dans la soupière sur les pommes de terre (et éventuellement les crustacés).

Servir avec des tranches de pain de ménage légèrement rassis, frottées d'ail.

Toute une variété d'ingrédients pour la préparation des soupes corses.

Œufs au figatelli

Pour 2 personnes
Temps de préparation : 5 mn
Temps de cuisson : 5 mn

> - *4 œufs,*
> - *1 tronçon de 10 cm de figatelli coupé en fines lamelles,*
> - *1 cuillère à café d'huile d'olive,*
> - *1 pincée de thym effeuillé,*
> - *sel et poivre.*

Graisser la poêle au pinceau avec la cuillère à café d'huile d'olive et y répartir régulièrement les rondelles de figatelli. Lorsqu'elles commencent à suer et à grésiller, faire glisser doucement dessus les oeufs au préalable cassés, dans un récipient. Les saupoudrer légèrement de thym effeuillé. Saler et poivrer selon goût. Laisser cuire à feu doux jusqu'à ce que le blanc soit pris.

Omelette à la menthe

Pour 2 personnes
Temps de préparation : 5 mn
Temps de cuisson : 3 à 5 mn selon goût.

> - *4 œufs,*
> - *8 feuilles de menthe,*
> - *2 cuillères à soupe d'huile d'olive,*
> - *sel et poivre.*

Emincer finement les feuilles de menthe. Casser les œufs, les battre vivement avec une cuillère à soupe d'huile d'olive. Saler et poivrer.

Mettre une poêle à chauffer avec la deuxième cuillère à soupe d'huile d'olive et y verser les oeufs battus Y répartir rapidement les feuilles de menthe émincées et les noyer dans l'omelette. Cuire à feu moyen. Servir l'omelette baveuse et légèrement dorée.

La composition de l'omelette à la brousse de brebis

Omelette à la brousse de brebis et au basilic

Pour 2 personnes
Temps de préparation : 5 mn
Temps de cuisson : 3 à 5 mn selon goût.

- *4 œufs,*
- *100 g de brousse de brebis,*
- *4 feuilles de basilic,*
- *2 cuillères à soupe d'huile d'olive,*
- *1 pincée de thym effeuillé,*
- *sel et poivre.*

  Casser les œufs et les battre soigneusement. Saler et poivrer. Mettre les œufs battus dans la poêle chauffée au préalable avec l'huile d'olive. Répartir, au dessus des œufs, des petits dés de brousse de brebis et des feuilles de basilic réduites en lanières. Cuire à feu doux jusqu'à obtention de la consistance voulue (baveuse ou à point). Plier l'omelette en chausson. Servir sur des assiettes garnies de salade.

Omelette au brocciu

Pour 2 personnes
Temps de préparation : 5 mn
Temps de cuisson : 3 à 5 mn selon goût.

- *4 œufs,*
- *150 g de brocciu bien écrasé en crème avec une fourchette,*
- *quelques feuilles de menthe ou de basilic,*
- *2 cuillères à soupe d'huile d'olive,*
- *sel et poivre.*

Casser les œufs, les battre vivement avec le brocciu écrasé. Saler et poivrer. Ajouter la menthe ou le basilic haché. Mettre une poêle à chauffer avec l'huile d'olive. Y verser le mélange d'œufs battus et de brocciu. Cuire à feu moyen et servir l'omelette baveuse et légèrement dorée.

Soufflé au brocciu

Pour 6 personnes
Temps de préparation : 15 mn
Temps de cuisson : 20 mn

- *70 g de beurre,*
- *50 g de farine,*
- *25 cl de lait,*
- *5 jaunes d'œufs,*
- *6 blancs d'œufs montés en neige,*
- *100 g de brocciu finement écrasé à la fourchette,*
- *2 gouttes de liqueur de myrte,*
- *50 g de beurre,*
- *set et poivre.*

Faire bouillir le lait. Entre temps, faire ramollir dans une casserole 50 g. de beurre et y ajouter en pluie la farine, sans cesser de tourner avec une spatule en bois. Mettre à feu doux et lorsque le mélange de beurre et de farine commence à mousser, verser dessus, en fouettant, le lait bouillant. Porter à ébullition sans cesser de fouetter ; puis, couper les feux dès épaississement. Lorsque le mélange a légèrement refroidi, incorporer les jaunes d'œufs ainsi que le brocciu écrasé. Assaisonner de sel et de poivre et ajouter 2 gouttes de liqueur de myrte.

Mettre de côté, le temps de monté les blancs en neige ferme et de beurrer copieusement, jusqu'au bord supérieur un moule à soufflé. Mêler délicatement les blancs d'œufs à l'appareil à soufflé. Verser le tout dans le moule, jusqu'au trois quart de sa hauteur. Cuire vingt à vingt cinq minutes, à feu modéré, pour permettre au soufflé de prendre toute son ampleur. Servir immédiatement.

Cargolade

Pour 6 personnes
Temps de préparation : 10 mn
Temps de cuisson : 30 mn
(Prévoir de faire jeûner les escargots pendant une semaine et de les faire baver 12 h)

- *9 douzaines de petits escargots (petits gris ou escargots blancs corses de préférence),*
- *3 tomates bien mûres,*
- *2 gousses d'ail,*
- *1 gros oignon doux,*
- *1 morceau de fenouil détaillé en lamelles,*
- *2 branches de persil hachées,*
- *3 pincées de thym effeuillé,*
- *5 à 6 petites feuilles de laurier,*
- *3 pincées de piment de cayenne,*
- *1 litre de vin blanc sec,*
- *1 verre d'huile d'olive,*
- *sel et poivre.*

Faire jeûner une semaine les escargots. Douze heures avant de commencer à les préparer, les saupoudrer de sel fin et de farine pour les faire baver. Les remuer plusieurs fois pendant ces douze heures, puis les rincer et les brosser soigneusement à l'eau courante. Egoutter et sécher au torchon.

Préparation des escargots

Dans une grande poêle creuse, mettre à chauffer l'huile d'olive et y plonger les escargots en coquille. Saler, poivrer, puis ajouter dans l'ordre : l'oignon et l'ail hachés grossièrement, le fenouil réduit en petites lamelles, le persil, les tomates et les épices proprement dites (thym, laurier, piment de cayenne). Mouiller de vin blanc sec. Couvrir et laisser mijoter trente minutes à feu moyen, en tournant plusieurs fois. Servir les escargots accompagnés d'un vin blanc sec. Prévoir des fourchettes à escargots.

"*Dans la clarté douteuse du jour levant, une tache grise apparaît au loin sur l'eau. Elle grandit, comme sortant des flots, se découpe, festonne étrangement sur le bleu naissant du ciel. On distingue enfin une suite de montagnes escarpées, sauvages, arides, aux formes dures, aux arêtes aiguës aux pointes élancées*"

Guy de Maupassant 1880.

Anchoïade (ou Anchiuata)

Pour 4 personnes
Temps de préparation : 5 mn

- *12 filets d'anchois,*
- *1 grosse gousse d'ail,*
- *1 grosse figue bien mûre,*
- *3 cuillères à soupe d'huile d'olive,*
- *50 g d'oignon rose haché,*
- *4 tranches de pain de campagne.*

    Piler au mortier les filets d'anchois coupés en petits morceaux, l'ail, l'oignon et la figue épluchés, jusqu'à obtention d'une consistance pâteuse. Imbiber, gouttes à gouttes, les tranches de pain d'huile d'olive et étaler ensuite une fine couche de la pâte obtenue sur les tranches de pain.

Pâté de merle

(La réglementation française actuelle interdit la chasse des merles)
Pour 6 personnes
Temps de préparation : 40 mn
Temps de cuisson : 1 h

(Préparer 24 h avant la cuisson).

- *6 merles,*
- *200 g d'échine de porc,*
- *200 g de foie de porc,*
- *100 g de lard gras de porc,*
- *2 cuillères à café de liqueur de myrte,*
- *quelques grains de genièvre,*
- *bardes de lard,*
- *1 pincée de thym effeuillé,*
- *10 g de sel par livre,*
- *poivre,*
- *1 petite tranche de pain trempée dans du lait.*

Plumer, vider et flamber les merles après les avoir garder deux jours au frais. Couper les têtes et les pattes et en prélever la chair.

Passer ensemble, dans le hachoir, la chair des merles, l'échine, le foie et le lard gras de porc, la tranche de mie de pain trempée dans du lait et essorée et les grains de genièvre. Recommencer l'opération une deuxième fois. Saler, poivrer, saupoudrer de thym effeuillé et mouiller de liqueur de myrte. Garnir le fond et le pourtour d'une terrine de taille appropriée de bardes de lard et y tasser la chair à pâté. La recouvrir d'un morceau de barde et fermer la terrine avec le couvercle.

Laisser reposer au frais pendant vingt quatre heures. Luter le couvercle de la terrine (c'est à dire rendre étanche avec de la farine légèrement mouillée d'eau) et cuire une heure à four doux au bain marie. Vérifier la cuisson du pâté en le piquant avec une lame de couteau qui doit ressortir propre. Laisser refroidir et garder au frais, jusqu'au moment de servir.

Vue générale de Calvi, la partie haute correspond à la citadelle sur son promontoire rocheux; et la partie basse à la marine, aux maisons blanches et au port. Cette ville pratique encore la pêche à la langouste.

Langouste grillée

Pour 4 personnes
Temps de préparation : 15 mn
Temps de cuisson : 15 mn

- *4 langoustes de 300 g à 400 g chacune ,*
- *8 cuillères à café de crème fraîche,*
- *1 pincée de thym effeuillé,*
- *1 petite échalote hachée,*
- *1 pointe de piment de Cayenne,*
- *1 cuillère à café de moutarde,*
- *1 cuillère à café de liqueur de myrte,*
- *1 pincée de graines de fenouil,*
- *sel et poivre.*

Sur une planche, ouvrir les langoustes dans le sens de la longueur, en commençant par faire pénétrer d'un coup sec la lame d'un solide couteau au milieu du coffre de l'animal afin de le tuer instantanément. Oter la poche à gravier et prélever le corail et les œufs. Les réserver dans un grand bol. Saler et poivrer légèrement les demi langoustes. Mélanger la crème fraîche, la moutarde et l'échalote hachée au corail et aux œufs dans le bol.

Ajouter la cuillère à café de myrte, les pincées de thym effeuillé, les graines de fenouil et la pointe de piment de cayenne. Fouetter vivement et répartir ce mélange sur les demi langoustes que vous disposerez sur un plat allant au four. Mettre à cuire à four chaud dix minutes, puis en position grill cinq minutes environ jusqu'à ce que les langoustes deviennent dorées.

Encornets à la tomate

Pour 4 personnes
Temps de préparation : 20 mn
Temps de cuisson : 25 mn

- 1,200 kg d'encornets (ou calmars),
- 4 grosses tomates pelées et épépinées,
- 1 gros oignon rose,
- 3 gousses d'ail,
- 1 petit piment rouge,
- 5 cl d'huile d'olive,
- 3 cl de pastis,
- 1 bouquet garni (thym, laurier, romarin),
- sel et poivre.

Préparation des encornets

Séparer la tête du manteau des encornets. Enlever les yeux et le bec corné et ne garder que les tentacules. Vider l'intérieur des entrailles et de la partie cornée. Laver à grande eau et sécher.

Cuisson des encornets

Dans une grande poêle, faire revenir quelques instants, avec de l'huile d'olive, l'oignon et l'ail hachés. Incorporer les encornets et faire réduire dix minutes, à feu vif, en tournant à l'aide d'une cuillère en bois. Flamber hors du feu au pastis. Ajouter les tomates, le bouquet garni et le petit piment rouge. Saler et poivrer. Laisser cuire quinze à vingt minutes (selon la grosseur des encornets) en tournant régulièrement. Servir accompagné de riz.

Paysage de maquis, le village de Mela entre les oliviers est situé sur la montagne de Cagna.

Bouillabaisse (aziminu)

Pour 8 personnes
Temps de préparation : 40 mn
Temps de cuisson : 1 h

- *1,500 kg de poissons de roche (girelles, sarrans, demoiselles et autres petits poissons côtiers),*
- *4 petits crabes,*
- *4 petites seiches,*
- *250 g d'oignon rose émincé,*
- *4 grosses tomates,*
- *1 bouquet garni (thym, laurier),*
- *1 branche de fenouil (fraîche de préférence ou à défaut 1 cuillère à soupe de pastis),*
- *2 gousses d'ail écrasées,*
- *5 cl d'huile d'olive,*
- *2 verres de vin blanc ,*
- *quelques étamines de safran,*
- *corail de deux ou trois oursins,*
- *sel et poivre.*

Préparation du fumet

Nettoyer les poissons (vider et écailler). Préparer les seiches en ôtant les yeux, le bec corné, l'os et la poche à encre. Couper en quatre les tomates, les épépiner, mais conserver la peau. Brosser les crabes et écraser au pilon leur carapace.

Dans une casserole en acier, faire revenir les oignons, à feu doux, avec de l'huile d'olive jusqu'à ce qu'ils deviennent transparents, sans toutefois blondir. Incorporer les quartiers de tomate, l'ail écrasé, les poissons de roche et les seiches en morceaux ainsi que les crabes. Saler, poivrer, ajouter quelques étamines de safran et éventuellement le corail de deux ou trois oursins. Cuire en tournant régulièrement pendant dix minutes. Mouiller d'un litre d'eau bouillante et de deux verres de vin blanc. Ajouter le bouquet garni et la branche de fenouil. Porter à ébullition et laisser mijoter à petits bouillons pendant trente minutes.

Lorsque la cuisson est terminée, passer le contenu de la casserole au moulin à légumes (grille moyenne) au dessus d'une jatte. Evacuer les arêtes, les morceaux de carapace et le bouquet garni restés dans le moulin à légumes. Repasser le liquide obtenu dans la jatte au moulin à légumes (grille fine) au dessus de la casserole. Ajouter deux litres d'eau bouillante, rectifier l'assaisonnement et porter à nouveau à ébullition. Laisser réduire quinze minutes.

Préparation de l'Aziminu :

- *3 kg de poissons parmi les suivants :congre, murène, denti, chapon, rascasse, daurade, mérou, loup, vive, grondin, serrans, éventuellement quelques petites langoustes ou cigales,*
- *quelques moules,*
- *10 cl d'huile d'olive.*

Lorsque la réduction du fumet est obtenue, incorporer, à gros bouillons, les morceaux de poissons (au préalable écaillés vidés et coupés en tronçons) en commençant par ceux ayant la chair la plus ferme : murène, congre, rascasse, denti. Cuire dix minutes, puis ajouter le reste des poissons ayant une chair plus tendre : mérou, loup, vive, grondin, serrans. Adjoindre éventuellement, en même temps, les petites langoustes ou cigales dont il convient d'ôter la poche à graviers et de couper en tronçons . Laisser mijoter encore cinq minutes et incorporer les moules qui seront considérées comme cuites dès qu'elles s'ouvriront.

Répartir le bouillon dans des assiettes chaudes et disposer dessus les morceaux de poissons, de langoustes, de cigales et les moules.

Servir la bouillabaisse accompagnée de pain de ménage grillé frotté d'ail, de pommes de terre cuites à l'eau et de rouille dont vous trouverez ci-après la recette.

Préparation de la rouille :

- *2 gousses d'ail,*
- *1 petit piment rouge, .*
- *1 tranche de mie de pain trempée dans du lait,*
- *1 jaune d'œuf,*
- *20 cl d'huile d'olive,*
- *2 cuillères à soupe de bouillon de la bouillabaisse,*
- *sel et poivre.*

Peler les gousses d'ail. Oter le germe central. Laver le piment et le couper en petits morceaux. Piler ensemble l'ail et les petits morceaux de piment dans un mortier. Ajouter la mie de pain essorée et réduire le tout en purée. Incorporer le jaune d'œuf. Ajouter sans cesser de tourner l'huile d'olive comme pour une mayonnaise. Délayer la sauce obtenue avec les cuillères à soupe de bouillon de bouillabaisse. Saler et poivrer.

Friture d'anguilles

Pour 6 personnes
Temps de préparation : 15 mn
Temps de cuisson : 8 mn
(Laisser macérer 4 h).

- *3 anguilles de 500 g,*
- *20 cl d'huile d'olive,*
- *herbes : thym, romarin, marjolaine, fenouil,*
- *150 g de farine,*
- *2 œufs,*
- *10 cl de lait,*
- *4 citrons,*
- *sel et poivre.*

Oter la peau des anguilles, les vider, les laver et les sécher soigneusement avec du papier absorbant. Les couper en petits tronçons et les disposer dans une terrine. Saler, poivrer et saupoudrer d'herbes. Mouiller avec l'huile d'olive et le jus de deux citrons. Garder au frais environ quatre heures.

Dans une autre terrine, mêler délicatement la farine, les œufs et le lait. Saler et poivrer légèrement. Au moment de cuire les poissons, les sortir de leur terrine et les laisser égoutter quelques minutes sur un papier absorbant. Rouler chaque tronçon d'anguille dans la pâte que vous avez préparée et les mettre à dorer dans un bain de friture chaud sans qu'ils ne se touchent. Les retourner pour qu'ils dorent sur toutes leurs faces. Lorsqu'ils sont bien dorés, les retirer de la friture et les faire égoutter sur un papier absorbant. Les servir accompagnés des citrons restants et éventuellement d'une mayonnaise aux câpres et au persil.

*Une magnifique vue sur le Vieux port, l'endroit
le plus pittoresque de la ville de Bastia*

Chapon farci au brocciu

Pour 6 personnes
Temps de préparation : 10 mn
Temps de cuisson : 20 mn

Préparation du poisson :

- 1 chapon (grosse rascasse rouge épineuse) de 1,500 kg,
- 10 cl d'huile d'olive,
- sel et poivre.

Vider et écailler le chapon en ne coupant pas la tête. Prendre soin de bien couper les épines du poisson autour de sa tête et d'enlever les nageoires dorsales et pectorales qui pourraient vous blesser. Badigeonner d'huile d'olive. Saler et poivrer l'intérieur et l'extérieur du poisson.

Préparation de la farce :

- 300 g de brocciu,
- 250 g de vert de blettes,
- 1 pincée de thym effeuillé,
- quelques graines de fenouil,
- 1 œuf entier,
- 1 cuillère à soupe de farine,
- 1 oignon blanc haché,
- sel et poivre.

Dans une casserole d'eau bouillante salée, faire blanchir trois minutes les feuilles vertes de blettes coupées en lamelles. Les sortir rapidement et les rincer à l'eau froide pour qu'elles restent fermes. Essorer les, soigneusement, avant de les mélanger avec le brocciu émietté et l'oignon haché. Saler, poivrer et saupoudrer de thym effeuillé et de graines de fenouil. Incorporer l'œuf entier pour lier l'ensemble. Former une boule, la rouler dans la farine et en garnir l'intérieur du poisson. Recoudre soigneusement la partie ventrale du chapon et le disposer dans un plat allant au four badigeonné avec le reste d'huile d'olive.

Cuisson du chapon

Cuire le poisson vingt minutes de chaque côté en l'arrosant régulièrement de jus de cuisson. Rectifier l'assaisonnement (sel et poivre) au
moment de retourner le poisson. Servir le chapon avec des boules de farce au brocciu et des pommes de terre cuites à l'eau.

*Assortiment de produits corses : les cochonnailles constituent le modèle
de la gastronomie insulaire, les vins corsés et bouquetés sont excellents et
les fromages au lait de chèvre et de brebis sont la spécialité corse.*

Denti au four

Pour 6 personnes
Temps de préparation : 10 mn
Temps de cuisson : 35 mn

- *1 denti de 1,500 kg,*
- *2 tomates,*
- *1 oignon rose,*
- *1 gousse d'ail,*
- *herbes : thym, romarin, fenouil,*
- *10 cl d'huile d'olive,*
- *20 cl de muscat du*
  Cap Corse,
- *sel et poivre.*

Préparer le poisson (l'écailler, le vider et le laver). Bien sécher l'intérieur et y disposer les tomates coupées en petits carrés, l'oignon et l'ail émincés. Saler, poivrer et saupoudrer d'herbes hachées.

Recoudre la partie ventrale du poisson et le disposer sur un grand plat allant au four. Badigeonner l'extérieur du poisson d'huile d'olive. Saler, poivrer et répartir le reste de l'huile d'olive dans le plat. Mettre à cuire à four chaud quinze minutes. Retourner le denti et arroser le d'un verre de muscat du Cap Corse. Poursuivre la cuisson vingt minutes encore. Arroser, durant la cuisson, à plusieurs reprises de jus de cuisson. Servir avec des petites pommes de terre cuites à l'eau.

Loup grillé au fenouil

Pour 6 personnes
Temps de préparation : 10 mn
Temps de cuisson : 20 mn

- *2 loups d'1 kg environ,*
- *2 branches de fenouil,*
- *quelques graines de fenouil,*
- *2 gousses d'ail,*
- *2 blancs de poireaux,*
- *1 branche de persil,*
- *1 oignon blanc haché,*
- *5 cl d'huile d'olive,*
- *2 noisettes de beurre,*
- *sel et poivre.*

Préparer les poissons (les écailler, les vider et les laver, tout en préservant les laitances ou les œufs).

Bien les essuyer. Garnir l'intérieur de chaque poisson avec les branches de fenouil émincées, les graines de fenouil, le persil et l'oignon et l'ail hachés, les laitances ou les œufs, une noisette de beurre et les blancs de poireaux.

Saler, poivrer, puis recoudre soigneusement les ventres des poissons. Badigeonner l'extérieur d'huile d'olive, les saler et les poivrer.

Cuisson des poissons

a) Si vous possédez un grill extérieur, dont on peut régler la distance entre les braises et la grille qui supporte les poissons, procéder de la manière suivante : griller les loups rapidement sur les deux faces, le plus près possible des braises sans toutefois les toucher. Lorsque les deux côtés sont bien saisis et dorés, éloigner les poissons des braises et les laisser cuire dix minutes de chaque côté en les arrosant régulièrement de quelques gouttes d'huile d'olive parfumée avec quelques graines de fenouil.

b) Si vous n'avez à votre disposition qu'un four domestique, inverser le mode de cuisson, c'est à dire : placer en papillote (rouler dans du papier d'aluminium) les loups et les cuire environ vingt minutes, à four chaud. Sortir les poissons, les faire rouler délicatement de la feuille

d'aluminium sur la grille de votre four. Allumer le grill et griller les poissons environ cinq minutes de chaque côté. Servir les loups accompagnés de pommes de terre cuites à l'eau.

Murène à la bonifacienne

Pour 4 personnes
Temps de préparation :
20 mn
Temps de cuisson : 30 mn

- *1 kg de murène de taille moyenne,*
- *100 g de raisins secs,*
- *1 petite branche de fenouil,*
- *3 gousses d'ail émincées,*
- *2 branches de persil,*
- *2 tomates pelées et épépinées,*
- *1 bouquet garni (romarin, thym et laurier),*
- *1 oignon rose (ou blanc) émincé,*
- *15 cl d'huile d'olive,*
- *10 cl d'eau,*
- *10 cl de vin blanc moelleux,*
- *1 cuillère à café d'alcool de myrte,*
- *2 cuillères à soupe de farine,*
- *sel et poivre.*

Couper la murène à quinze centimètres de la queue et de la tête et ne conserver que le centre (la tête et la queue peuvent servir pour une soupe de poisson). Le détailler en tronçons de huit à dix centimètres de long en conservant la peau.

Les laver, les sécher soigneusement et les rouler rapidement dans la farine. Faire chauffer l'huile d'olive dans uns sauteuse et y faire revenir les morceaux de murène jusqu'à ce qu'ils commencent à dorer. Ajouter l'ail et l'oignon émincés ainsi que le fenouil et le persil hachés. Incorporer les tomates et le bouquet garni. Saler et poivrer. Mouiller avec l'eau et le vin blanc. Laisser mijoter vingt minutes. Ajouter les raisins secs et l'alcool de myrte et laisser réduire dix minutes. Servir, selon goût, soit avec des pommes de terre cuites à l'eau, soit avec du riz.

Rougets à la bonifacienne

Pour 4 personnes
Temps de préparation : 15mn
Temps de cuisson : 15 mn

- *8 rougets de taille moyenne,*
- *8 filets d'anchois,*
- *1 bouquet de persil,*
- *1 petite tête d'ail rouge,*
- *2 grosses tomates pas trop mûres, pelées et épépinées,*
- *10 cl d'huile d'olive,*
- *1 pincée de graines de fenouil,*
- *1 pincée de thym effeuillé,*
- *1 grosse tranche de pain de ménage rassis,*
  frottée d'ail et réduite en très petits croûtons,
- *sel et poivre.*

Préparation des poissons

Ecailler soigneusement les poissons, les vider par les ouïes en ouvrant latéralement les rougets, sur leur face ventrale, à hauteur des nageoires pectorales (proches des ouïes). Jeter les intestins et réserver les foies. Laver à l'eau courante l'intérieur des poissons et les essuyer soigneusement.

Préparation du lit d'aromates

Hacher le persil et les tomates pelées et épépinées en menus morceaux. Piler la tête d'ail au mortier. Mettre le tout dans un bol. Saler et poivrer modérément. Incorporer la pincée de thym effeuillé, les graines de fenouil. Mouiller de cinq centilitres d'huile d'olive et mêler intimement l'ensemble. Préserver huit cuillères à café de ce mélange et répartir le reste sur le fond d'un plat allant au four.

Cuisson des poissons

Huiler, saler et poivrer les poissons. Introduire à l'intérieur de chaque rouget, une cuillère à café rase d'aromate réservée à cet effet, un filet d'anchois roulé et un foie. Disposer les poissons tête bêche sur le plat afin de gagner de la place. Répartir la tranche de pain badigeonnée d'huile d'olive et réduite en tout petits croûtons sur le plat. Mettre à four chaud dix minutes, puis prolonger la cuisson au grill cinq minutes.

Sardines farcies au brocciu et aux blettes

Pour 4 personnes
Temps de préparation : 30 mn
Temps de cuisson : 15 mn

- *12 belles sardines,*
- *200 g de brocciu,*
- *200 g de vert de blettes,*
- *2 branches de persil,*
- *2 gousses d'ail rouge,*
- *1 œuf,*
- *10 cl d'huile d'olive,*
- *thym effeuillé,*
- *1 filet de citron,*
- *1 tranche de pain de ménage rassis, frottée d'ail et coupée en tout petits croûtons,*
- *sel et poivre.*

Préparation des sardines

Ecailler les sardines, couper leur tête et ouvrir leur face ventrale jusqu'à la queue. Couper l'arête centrale au niveau de la queue et la retirer. Laver rapidement les sardines à l'eau courante et les sécher à plat entre deux torchons.

Préparation de la farce

Laver le vert de blettes, le détailler en fines lamelles et le blanchir trois minutes à l'eau frémissante. Le rincer rapidement à l'eau froide et l'égoutter soigneusement. Extraire l'excédent d'eau en le pressant à la main. Le placer dans une terrine et le mêler doucement au brocciu. Incorporer peu à peu l'ail et le persil hachés ainsi que l'œuf entier. Saler, poivrer, saupoudrer de thym effeuillé et arroser d'un filet de citron.

Sardines farcies au brocciu et aux blettes.
Plat avant cuisson.

Cuisson des sardines

Répartir la farce préparée précédemment sur l'avant de la face ventrale de chaque poisson puis les rouler de la tête à la queue. Disposer les sardines sur un plat allant au four au préalable badigeonné d'huile d'olive. Saupoudrer d'un peu de thym effeuillé. Saler, poivrer et répartir sur le plat des petits croûtons imbibés d'huile d'olive. Mettre à cuire à four moyen dix minutes et prolonger la cuisson dix minutes au grill.

Sardines farcies au brocciu et aux blettes.
Plat après cuisson.

Thon rôti aux herbes

Pour 4 personnes
Temps de préparation :
15 mn
Temps de cuisson :
20 mn

Préparation du thon :

- *1 tranche de thon rouge d'1 kg,*
- *3 gousses d'ail découpées en lamelles,*
- *10 cl d'huile d'olive,*
- *2 tranches de pain blanc rassis, émiettées finement,*
- *1 pincée de thym effeuillé,*
- *sel et poivre.*

Verser la moitié de l'huile dans un plat allant au four. Badigeonner d'huile la tranche de thon préalablement essuyée. Saler, poivrer et saupoudrer de thym effeuillé ses deux faces. La disposer dans le plat. Répartir, sur le dessus, l'ail émincé et saupoudrer de pain émietté.

Mouiller au pinceau la panure avec le reste de l'huile d'olive et mettre à rôtir, à four très chaud, vingt minutes en arrosant plusieurs fois la croûte qui se sera formée et qui devra être dorée sans toutefois noircir.

Préparation de la sauce aux herbes :

- 20 cl d'huile d'olive,
- 2 jaunes d'œufs,
- 1 œuf dur,
- 1 cuillère à soupe de moutarde,
- 1 cuillère à soupe de câpres,
- 1 petit oignon blanc haché,
- 1 petite gousse d'ail hachée,
- 1 cornichon découpé en tout petits dés,
- 3 branches de persil ciselées,
- 2 branches d'estragon ciselées,
- 3 feuilles de basilic ciselées,
- 1 pincée de piment de Cayenne,
- sel et poivre.

Préparer une mayonnaise bien relevée avec les jaunes d'œufs, la moutarde, l'huile d'olive, le sel, le poivre et la pincée de piment de Cayenne.

Ecraser finement l'œuf dur et l'ajouter à la sauce en même temps que les herbes fraîches de saison ciselées, l'oignon et l'ail hachés ainsi que les petits dés de cornichon et les câpres.

Présentation

Lorsque le thon est cuit, retirer la peau avec une lame effilée. Couper la tranche en quatre parts égales en ôtant délicatement l'arête centrale. Reconstituer la tranche sur une planche et la servir tiède accompagnée de sauce aux herbes et de pommes de terre cuites à l'eau.

Truite au vin

Pour 4 personnes
Temps de préparation : 15mn
Temps de cuisson : 15 mn

- 4 truites,
- 75 cl de vin rouge corse,
- 20 cl de vinaigre de vin,
- 4 gousses d'ail,
- 1 petit oignon blanc,
- 1 bouquet garni (thym, laurier, romarin, sauge),
- 1 cuillère à café (bombée) de farine,
- 75 cl d'eau,
- 2 cuillères à soupe d'huile d'olive,
- 1 piment,
- sel et poivre.

Préparation des truites

Vider les truites en les tenant par les ouïes. Laver seulement l'intérieur afin de préserver la pellicule gluante qui recouvre la peau et qui deviendra bleue à la cuisson. Disposer ensuite les poissons dans un plat creux et les arroser avec le vinaigre. Les réserver au frais en attendant la préparation du court bouillon.

Préparation du court bouillon

Dans une sauteuse, assez large pour immerger totalement les truites, verser le vin, l'eau, deux gousses d'ail, le piment et le bouquet garni. Saler, poivrer et porter à ébullition. Faire réduire le liquide des deux tiers et y plonger en les disposant côte à côte les truites. Laisser frémir durant

dix minutes (si les poissons ne sont pas totalement immergés, les retourner au bout de cinq minutes et laisser cuire encore cinq minutes). En fin de cuisson disposer les truites sur un plat de service et les réserver au chaud. Garder un verre de court bouillon passé au chinois pour la sauce.

Préparation de la sauce

Dans une petite casserole, faire revenir avec de l'huile d'olive, l'oignon blanc et les deux gousses d'ail restantes hachés jusqu'à ce qu'ils blondissent légèrement. Ajouter la farine et tourner vivement deux minutes. Mouiller avec le verre de court bouillon et laisser réduire quelques instants.

Servir les truites accompagnées de la sauce brune obtenue et de pommes de terre cuites à l'eau.

Truite à l'agliotu

Pour 4 personnes
Temps de préparation : 15 mn
Temps de cuisson : 15 mn

Préparation des poissons :

- *4 truites,*
- *2 cuillères à soupe de farine,*
- *10 cl d'huile d'olive*
- *sel et poivre.*

Vider et sécher soigneusement les truites. Les fariner légèrement.

Faire chauffer l'huile d'olive dans une sauteuse de taille appropriée pour y faire cuire ensemble les quatre truites. Y faire dorer les poissons, au préalable salés et poivrés, cinq à six minutes de chaque côté selon grosseur. Les sortir, en fin de cuisson, de la sauteuse et les disposer tête bêche sur un plat de service. Jeter l'huile de friture.

Préparation de la sauce :

- *1 petite tête d'ail entière pelée,*
- *10 cl d'huile d'olive,*
- *25 cl de vinaigre de vin,*
- *1 bouquet garni (thym, laurier, romarin, persil plat),*
- *1 petit piment,*
- *2 clous de girofle,*
- *quelques grains de poivre,*
- *10 cl de vin blanc moelleux,*
- *sel et poivre.*

Verser dix centilitres d'huile d'olive au fond de la sauteuse dans laquelle vous aviez fait cuire les poissons et y faire dorer très légèrement l'ail émincé, puis mouiller avec le verre de vin blanc et le vinaigre. Incorporer le bouquet garni, les clous de girofle, le poivre en grains, le petit piment. Porter à ébullition et laisser réduire la sauce de moitié à petits bouillons. Rectifier l'assaisonnement et verser cette sauce bouillante sur les truites. Recouvrir le plat d'un torchon et le disposer vingt quatre heures au frais avant se servir.

Ce plat se mange le plus souvent froid, mais peut aussi être servi chaud avec des pommes de terre cuites à l'eau (la préparation froide peut se conserver quatre à cinq jours).

La tour génoise s'élève à l'extrémité de la pointe de Campomoro.

Lapin à l'ail

Pour 6 personnes
Temps de préparation : 15 mn
Temps de cuisson : 45 mn

> - *1 lapin de 1,800 kg environ (avec son foie),*
> - *1 tranche de coppa coupée en petits dés,*
> - *1 gros oignon rose,*
> - *1 petite tête d'ail,*
> - *herbes : persil, cerfeuil, estragon ,basilic,*
> - *1 bouquet garni (thym, laurier, romarin),*
> - *75 cl de vin blanc sec,*
> - *6 cuillères à soupe d'huile d'olive,*
> - *sel et poivre.*

Découper le lapin en morceaux (huit à dix). Les saler, les poivrer et les faire revenir (le foie excepté) dans une cocotte avec de l'huile d'olive. Ajouter les dés de coppa, les gousses d'ail épluchées et écrasées et l'oignon émincé.

Dès que l'oignon commence à dorer, mouiller avec le vin blanc sec, puis incorporer le bouquet garni, les herbes et le foie. Laisser mijoter à feu moyen quarante cinq minutes environ, en retournant deux fois la viande. Rectifier l'assaisonnement si besoin est. Sortir les morceaux de lapin et le foie de la cocotte et les dresser sur un plat de service. Parsemer de quelques feuilles de basilic ciselées et servir avec des pâtes.

Grives aux raisins

Pour 4 personnes
Temps de préparation : 20 mn
Temps de cuisson :20 mn

- *8 grives,*
- *8 tranches très fines de panzetta,*
- *1 verre de vin blanc moelleux,*
- *8 belles feuilles de vigne,*
- *16 gros grains de raisins d'Italie (coupés en deux dans le sens de la longueur et épépinés),*
- *5 cl d'huile de noix ou d'olive,*
- *thym effeuillé,*
- *sel et poivre.*

Plumer les oiseaux et les garder au frais deux jours. Ne les vider que juste avant de les mettre à cuire. (Conserver les coeurs et les foies).

Les flamber rapidement. Saler et poivrer l'intérieur de chaque grive après l'avoir bien essuyer et le garnir d'un demi grain de raisin. Entourer chaque oiseau d'une tranche de panzetta. Les saler, les poivrer, les saupoudrer de thym effeuillé et les envelopper individuellement dans des feuilles de vigne. Faire revenir les grives ainsi préparées en cocotte, à feu doux dans de l'huile, pendant quinze minutes, en tournant régulièrement avec une cuillère en bois.

Disposer les grives sur un plat de service chaud et les garder au four quelques minutes.

Entre temps, déglacer la cocotte avec le vin et y incorporer le reste des raisins.

Saler et poivrer modérément. Faire revenir à feu vif trois minutes et verser cette sauce juste avant de servir sur les grives. Accompagner celles - ci de tranches de pain dorées dans un peu d' huile.

Merles grillés

(La réglementation française actuelle interdit la chasse des merles)

Pour 4 personnes
Temps de préparation : 20 mn
Temps de cuisson : 20 mn

> - *8 merles,*
> - *8 tranches très fines de panzetta,*
> - *5 cl d'alcool de genièvre,*
> - *8 petites tranches de pain,*
> - *4 tranches de jambon crû,*
> - *thym effeuillé,*
> - *20 g de beurre,*
> - *sel et poivre.*

Plumer, vider (réserver les coeurs et les foies) et flamber les merles. Saler et poivrer les intérieurs des oiseaux et disposer dans chacun une noisette de beurre et une pincée de thym effeuillé. Barder les merles avec les tranches de panzetta. Les ficeler, les saler, les poivrer extérieurement et les embrocher.

Cette recette peut être réalisée de deux manières en faisant cuire les merles soit au four, soit au feu de bois.

a) Cuisson au four

Faire rôtir les merles vingt minutes au grill en disposant sur la lèchefrite, placée sous les merles, des tranches de pain sur lesquelles auront été étalés un peu de cœur et de foie haché. Ces tranches seront ainsi imprégnées de la graisse des oiseaux lorsqu'elle fondra. Dès que celle - ci aura été totalement absorbée et que les oiseaux seront cuits, disposer chaque merle sur une tranche de pain garnie d'une fine lamelle de jambon crû. Déglacer la lèchefrite avec l'alcool de genièvre et flamber. Recueillir la sauce ainsi obtenue et la servir avec les merles.

b) Cuisson au feu de bois

Procéder de la même manière que précédemment, sans oublier de disposer une lèchefrite étroite sous les merles.

De la mer, la ville haute de Bonifacio présente une vue saisissante avec ses vieilles maisons amalgamées à l'extrémité de la falaise.

Pigeons aux olives

Pour 6 personnes
Temps de préparation : 20 mn
Temps de cuisson : 40 mn

- *3 pigeons ou 6 pigeonneaux,*
- *250 g d'olives vertes dénoyautées,*
- *10 cuillères à soupe d'huile d'olive,*
- *1 gros oignon rose émincé,*
- *3 gousses d'ail émincées,*
- *20 cl de vin blanc sec,*
- *3 tomates bien mûres, pelées et épépinées,*
- *1 bouquet garni (thym, laurier sauge),*
- *sel et poivre.*

Faire vider les pigeons et réserver le foie, le cœur et le gésier. Flamber les oiseaux pour ôter le duvet restant. Faire blanchir les olives dans une casserole d'eau bouillante pendant deux minutes. Couper les feux, laisser reposer trois minutes et les retirer de l'eau.

Dans une grande cocotte, faire dorer de tous côtés les pigeons avec les six cuillères à soupe d'huile d'olive. Les sortir de la cocotte et les garder au chaud. Vider l'huile restant dans la cocotte. Remettre la cocotte sur le feu avec quatre cuillères à soupe d'huile d'olive. Y faire suer l'oignon et l'ail. Couper les pigeons en deux dans le sens de la longueur au niveau du dos. Lorsque l'oignon devient transparent, remettre les demi pigeons salés et poivrés sur leur face interne dans la cocotte, faire dorer encore cinq minutes avant d'ajouter le vin blanc sec, les tomates concassées et le bouquet garni.

Couvrir et laisser cuire vingt minutes. Retourner les demi pigeons et incorporer les olives, les foies, les coeurs et les gésiers. Poursuivre la cuisson à feu doux pendant environ vingt minutes selon la dureté des pigeons (tester la cuisson à la fourchette. Celle-ci sera parfaite lorsqu'un jus rosé clair sortira des piques de la fourchette).

Marcassin en marinade

Pour 6 à 8 personnes
Temps de préparation : 20 mn
Temps de cuisson : 1 h 30 mn
(laisser mariner 48 h)

- 1,500 kg de marcassin ou de jeune sanglier,
- 2 gros oignons roses émincés,
- 3 gousses d'ail,
- 1 bouquet garni (laurier, romarin, sauge),
- 1 petit piment de Cayenne,
- 1 l de vin rouge,
- 5 cl de liqueur de myrte,
- 5 cl de vinaigre,
- 5 cl d'huile d'olive,
- 4 baies de genièvre,
- 6 grains de poivre,
- sel et poivre.

Préparation de la marinade

Couper la viande en gros morceaux (de 100 g environ). Les saler, les poivrer et les tasser dans une terrine.

Verser le vin rouge, la liqueur de myrte et l'huile d'olive dans une casserole. Ajouter le piment de Cayenne, le bouquet garni, les oignons émincés, les gousses d'ail coupées en deux et le vinaigre. Saler, poivrer et incorporer les baies de genièvre et les grains de poivre. Porter doucement à ébullition et verser chaud sur les morceaux de viande.

Recouvrir et laisser mariner, à température ambiante, pendant quarante huit heures en tournant quatre fois.

Cuisson de la viande :

- 100 g de saindoux,
- 2 cuillères à soupe de farine tamisée,
- 20 cl d'eau,
- 50 cl de vin rouge (le même que celui de la marinade),
- le jus de la marinade passé au chinois,
- la moitié des oignons de la marinade,
- les gousses d'ail de la marinade,
- le bouquet garni de la marinade,
- 1 cuillère à soupe bombée de farine,
- 4 belles tomates bien mûres, pelées et épépinées,
- 5 cl d'alcool de genièvre.

Egoutter les morceaux de viande, les sécher au torchon et les faire revenir dans une grande cocotte en fonte avec le saindoux. Lorsque les morceaux sont dorés, les saupoudrer de farine et tourner quelques instants avec une cuillère en bois jusqu'à ce que la farine commence à roussir. Flamber avec l'alcool de genièvre.

Mouiller du jus de la marinade passé au chinois. Ajouter les tomates, les oignons, l'ail et le bouquet garni. Couvrir et laisser mijoter à feu doux trente minutes. Verser ensuite le vin et l'eau et bien remuer avec une cuillère en bois. Couvrir à nouveau et laisser encore mijoter une heure en tournant quatre fois et en veillant à ce qu'il reste assez de liquide dans la cocotte afin que la viande n'attache pas.

Rectifier l'assaisonnement si besoin et disposer sur un plat chaud. Servir accompagné de pommes de terre cuites à l'eau.

Le cochon "sauvage" : la saveur de sa chair est exquise. Ce porc s'élève en liberté et se nourrit de châtaignes, d'herbes odorantes, de glands et de faînes.

Poulet aux tomates et aux olives

Pour 6 personnes
Temps de préparation : 15 mn
Temps de cuisson : 1 h

- *1 poulet de 2 kg environ,*	- *750 g de petites pommes de terre,*
- *2 tranches de lard fumé, coupées en petits dés,*	- *1 bouquet garni (thym, laurier, fenouil, sauge),*
- *20 petits oignons grelots,*	- *1 piment doux,*
- *300 g de petits champignons de Paris,*	- *5 cl de marc de raisin,*
- *250 g d'olives noires et vertes,*	- *75 cl de vin blanc demi sec,*
- *500 g de tomates pelées et épépinées,*	- *10 cl d'huile d'olive,*
	- *sel et poivre.*

Garnir l'intérieur du poulet d'un morceau de tomate, d'un oignon, de quelques lardons et d'olives. Le brider. Huiler au pinceau l'extérieur du poulet. Le saler, le poivrer et le saupoudrer de thym effeuillé. Faire revenir le poulet, dans une cocotte, avec de l'huile d'olive.

Lorsqu'il est bien doré, ajouter le reste des lardons et les oignons ainsi que les petites pommes de terre que vous aurez au préalable lavées, épluchées, coupées en deux et fait sauter, dans une poêle, avec un mélange de beurre et d'huile.

Laisser rissoler quelques minutes encore avant de flamber avec le marc de raisin et de mouiller de vin blanc. Incorporer le bouquet garni, les olives, les champignons de Paris et le piment doux. Rectifier l'assaisonnement. Couvrir et laisser mijoter cinquante minutes (en retournant deux fois le poulet). Servir en cocotte.

Poulet à la sauge

Pour 6 personnes
Temps de préparation : 15 mn
Temps de cuisson : 1 h

- *1 poulet de 2 kg environ,*
- *6 feuilles de sauge,*
- *200 g de mie de pain trempée dans du lait et essorée,*
- *3 petites gousses d'ail,*
- *1 petite tranche de coppa hachée,*
- *1 bouquet garni (thym, laurier, sauge),*
- *5 cl de marc de raisins,*
- *75 cl de vin blanc sec,*
- *10 cl d'huile d'olive,*
- *thym effeuillé,*
- *sel et poivre.*

Garnir l'intérieur du poulet d'une farce réalisée avec la mie de pain, les feuilles de sauge émiettées, les gousses d'ail écrasées, la coppa hachée, du sel et du poivre. Le brider. Huiler au pinceau l'extérieur du poulet. Le saler, le poivrer et le saupoudrer de thym effeuillé. Faire revenir le poulet dans une cocotte avec de l'huile d'olive. Lorsqu'il est bien doré, réduire le feu et flamber avec le marc de raisins.

Mouiller de vin blanc sec. Incorporer le bouquet garni et rectifier l'assaisonnement.

Couvrir et laisser mijoter cinquante minutes (en retournant deux fois le poulet). Découper la volaille en huit morceaux. Les disposer sur un plat de service chaud et présenter dans un bol, à part, la farce mélangée au jus de cuisson du poulet .

Boulettes à la viande

Pour 4 personnes
Temps de préparation : 40 mn
Temps de cuisson : 15 mn

Préparation des boulettes :

- *400 g d'épaule de veau,*
- *150 g de coppa,*
- *150 g de mie de pain,*
- *2 branches de persil,*
- *3 gousses d'ail,*
- *2 pincées de thym,*
- *1/2 oignon rose (150 g),*
- *2 œufs,*
- *2 cuillères à soupe de farine,*
- *sel et poivre.*

Faire tremper la mie de pain dans du lait. Hacher le veau, la coppa, l'ail, l'oignon et le persil et les mettre dans une terrine avec la mie de pain essorée. Ajouter du thym, du sel et du poivre et les œufs entiers. Bien mélanger les ingrédients et former des boulettes de quatre à cinq centimètres de diamètre.

Préparation de la sauce :

- *6 tomates bien mûres pelées et épépinées,*
- *1 oignon rose moyen,*
- *1 échalote,*
- *1 branche de persil,*
- *1 branche de basilic,*
- *4 gousses d'ail,*
- *3 feuilles de laurier,*
- *1 branche de romarin,*
- *1 branche de thym,*
- *1 verre de vin rosé,*
- *5 cuillères à soupe d'huile d'olive,*
- *sel et poivre.*

Concasser, l'ail, l'oignon, le persil, l'échalote, le basilic et les tomates. Les mettre à cuire doucement dans une casserole dans laquelle vous aurez fait frémir l'huile d'olive. Ajouter les feuilles de laurier, la branche de thym et celle de romarin, le sel et le poivre. Laisser mijoter à feu doux vingt minutes.

Cuisson des boulettes

Mettre à chauffer, dans une poêle creuse, six centilitres d'huile d'olive et trois centilitres d'huile d'arachide et y mettre à frire les boulettes environ quinze minutes. Servir celles-ci accompagnées de la sauce.

Délicieuses boulettes à la viande accompagnées de sa sauce à base d'herbes, du vin rosé et d'huile d'olive.

Osso-Bucco

Pour 6 personnes
Temps de préparation : 15 mn
Temps de cuisson : 45 mn

- 1,500 kg de jarret de veau avec os, coupé en tranches de 2 à 3 cm d'épaisseur,
- 1 tranche de coppa,
- 1 gros oignon,
- 1 gousse d'ail,
- 3 grosses tomates bien mûres,
- 5 cuillères à soupe d'huile d'olive,
- 25 cl de vin rosé,
- 1 bouquet garni (thym, laurier, romarin, persil),
- sel et poivre.

Faire revenir en cocotte les morceaux de viande, salés et poivrés, dans de l'huile d'olive, jusqu'à ce qu'ils deviennent bien dorés. Ajouter l'oignon coupé en lamelles, la coppa détaillée en petits dés, le thym, le laurier, le romarin et le persil. Laisser blondir quelques instants les nouveaux éléments ajoutés, puis incorporer les tomates et la gousse d'ail. Mouiller jusqu'à mi hauteur avec de l'eau. Verser le vin rosé, couvrir et laisser mijoter de trente à quarante minutes selon l'épaisseur des morceaux de viande. Servir de préférence avec des petites pommes de terre cuites à l'eau.

La bonne qualité de la viande corse est dûe aux croisements et aux nourritures d'appoint. Le nombre de vaches est réparti dans toute l'île.

Sauté de veau aux olives

Pour 6 personnes
Temps de préparation : 15 mn
Temps de cuisson : 40 mn

- *1,200 kg de tendrons de veau,*
- *500 g de tomates,*
- *1 échalote,*
- *1 gros oignon coupé très fin,*
- *6 cuillères à soupe d'huile d'olive,*
- *6 cuillères à soupe d'huile d'arachide,*
- *1 branche de fenouil,*
- *20 olives noires,*
- *1 tranche de coppa (1cm d'épaisseur),*
- *1 bouquet garni (laurier, romarin),*
- *2 pincées de thym effeuillé,*
- *1 verre de vin rosé,*
- *sel et poivre.*

Faire revenir, dans une cocotte, avec le mélange d'huile d'olive et d'huile d'arachide, les morceaux de viande, au préalable salés, poivrés et légèrement saupoudrés de thym effeuillé, jusqu'à ce qu'ils commencent à dorer. Ajouter l'oignon et l'échalote coupés très fin ainsi que la coppa coupée en petits dés. Laisser encore dorer trois minutes, puis incorporer les

tomates, le fenouil, le romarin et la feuille de laurier. Mouiller avec 25 cl d'eau et le verre de rosé. Couvrir et laisser mijoter vingt minutes. Rectifier l'assaisonnement si besoin est et ajouter les olives de préférence dénoyautées. Faire réduire à feu doux quinze minutes avant de servir.

Collier d'agneau aux petits pois

Pour 6 personnes
Temps de préparation : 20 mn
Temps de cuisson : 45 mn

- *1 kg de collier d'agneau coupé en douze morceaux,*
- *1 tranche de panzetta coupée en morceaux,*
- *1 kg de petits pois (aux cosses bien remplies),*
- *1 petite tomate pas trop mûre,*
- *5 petites carottes nouvelles coupées en deux dans le sens de la longueur,*
- *5 petits navets coupés en deux,*
- *6 oignons blancs,*
- *2 gousses d'ail,*
- *1 bouquet garni (thym, laurier, romarin),*
- *1 verre de vin blanc,*
- *1 verre d'eau,*
- *1 morceau de sucre,*
- *10 cl d'huile d'olive,*
- *sel et poivre.*

Faire dorer les morceaux de viande, au préalable salés et poivrés, dans une cocotte avec l'huile d'olive. Ajouter les carottes, les navets et la panzetta.

Faire sauter, à feu vif, quelques minutes, puis incorporer les petits pois et les oignons dans la cocotte. Tourner à l'aide d'une cuillère en bois et laisser, à feu vif, quelques minutes encore jusqu'à ce que les petits pois prennent une couleur vert vif. Mouiller avec le vin et l'eau.

Ajouter la tomate, l'ail épluché, le morceau de sucre et le bouquet garni. Couvrir et laisser cuire, à feu doux, vingt minutes. Vérifier alors qu'il reste encore du liquide dans la cocotte et ajouter éventuellement un verre d'eau. Rectifier l'assaisonnement et laisser cuire encore dix minutes environ, les petits pois devant être bien tendres mais toutefois pas écrasés.

Côtes d'agneau aux haricots rouges

Pour 4 personnes
Temps de préparation : 10 mn
Temps de cuisson des haricots : 30 mn
Temps de cuisson des côtes d'agneau : 8 à 10 mn

- *8 côtes d'agneau secondes ou découvertes,*
- *1 kg de haricots rouges frais écossés,*
- *2 gousses d'ail,*
- *4 petites tomates bien fermes,*
- *4 oignons blancs,*
- *1 bouquet garni (thym, laurier),*
- *10 cl d'huile d'olive,*
- *1 verre de vin blanc,*
- *2 verres d'eau,*
- *1 tranche de panzetta coupée en petits dés,*
- *sel et poivre.*
  (Si vous utilisez des haricots rouges secs, prévoir de les faire tremper le temps nécessaire selon leur dureté).

Cuisson des haricots

Dans une cocotte, faire revenir avec de l'huile d'olive, les dés de panzetta, les oignons et l'ail épluchés, puis les haricots pendant cinq minutes en tournant avec une cuillère en bois. Mouiller avec le vin blanc et l'eau. Incorporer le bouquet garni et les tomates entières (sans la queue). Saler et poivrer. Couvrir et cuire à feu moyen trente minutes en vérifiant de temps en temps que les haricots n'attachent pas et qu'il reste un peu de liquide au fond de la cocotte.

Cuisson de la viande

Saler, poivrer et saupoudrer de thym effeuillé les côtes d'agneau. Dix minutes avant la fin de cuisson des haricots, faire revenir, à feu vif, les côtelettes quatre à cinq minutes de chaque côté, dans une poêle, avec cinq centilitres d'huile d'olive. Les côtelettes doivent être ainsi bien dorées à l'extérieur, mais pas trop cuites à l'intérieur.

Présentation

Disposer les haricots dans un plat de service, placer les côtes d'agneau au dessus et les arroser de leur jus de cuisson.

Gigot d'agneau

Pour 6 à 8 personnes
Temps de préparation : 5 mn
Temps de cuisson : 45 mn

- *1 gigot d'agneau de 2 kg,*
- *1 tranche de coppa coupée en petits dés,*
- *20 petits oignons,*
- *3 gousses d'ail,*
- *2 pincées de thym effeuillé,*
- *2 cuillères à soupe d'huile d'olive,*
- *1 bouquet garni (thym, laurier romarin),*
- *sel et poivre.*

Piquer régulièrement, dans le gigot, des demi gousses d'ail épluchées et des petits dés de coppa. Avec une pointe de couteau, tracer sur la partie charnue de la viande un quadrillage. Enduire le gigot d'huile d'olive, le saler, le poivrer et le saupoudrer de thym effeuillé. Le disposer dans un plat allant au four avec le bouquet garni. Mettre à cuire à four chaud quarante cinq minutes en retournant deux fois le gigot et en arrosant régulièrement de jus de cuisson. Incorporer les petits oignons épluchés dans le plat autour du gigot quinze minutes avant la fin de cuisson. Servir le gigot accompagné de petites pommes de terre sautées ou de haricots verts.

Ragoût d'agneau aux pommes de terre

Pour 6 personnes
Temps de préparation :
15 mn
Temps de cuisson : 50 mn

- *1 kg d'épaule d'agneau désossée et coupée en gros morceaux,*
- *1 kg de petites pommes de terre,*
- *1 tranche de coppa coupée en petits dés,*
- *12 oignons blancs,*
- *3 gousses d'ail,*
- *3 grosses tomates pelées et épépinées,*
- *1 bouquet garni (thym, laurier, romarin, sauge),*
- *20 cl de vin rouge (ou éventuellement de rosé),*
- *20 cl d'eau,*
- *10 cl d'huile d'olive,*
- *sel et poivre.*

Faire revenir les morceaux de viande, au préalable salés et poivrés, dans une cocotte avec de l'huile d'olive pendant dix minutes. Lorsque les morceaux de viande sont dorés, ajouter les pommes de terre épluchées, lavées et séchées ainsi que les oignons entiers épluchés et les dés de coppa.

Laisser encore revenir cinq minutes. Mouiller avec le vin et l'eau. Incorporer le bouquet garni, l'ail épluché et pilé ainsi que les tomates coupées en petits morceaux. Couvrir et laisser mijoter quinze minutes. Ouvrir la cocotte et remuer avec une cuillère en bois. Rectifier l'assaisonnement si besoin et laisser mijoter à feu moyen quinze minutes encore, en veillant à ce que le liquide contenu dans la cocotte ne réduise pas trop.

Cabri rôti

Pour 6 personnes
Temps de préparation : 5 mn
Temps de cuisson : 30 mn

- 1/2 cabri,
- 1 gousse d'ail,
- 1 pincée de thym effeuillé,
- 1 bouquet garni (thym, laurier, romarin),
- 5 cuillères à soupe d'huile d'olive,
- sel et poivre.

Piquer régulièrement le cabri de pointes d'ail. Le badigeonner d'huile. Le saler, le poivrer et le saupoudrer de thym effeuillé. Le placer sur un plat allant au four avec le bouquet garni. Laisser cuire trente minutes à four chaud en retournant le demi cabri à mi cuisson.

Epaule de cabri farcie

Pour 4 personnes
Temps de préparation :
20 mn
Temps de cuisson : 40 mn

- 1 épaule de cabri
  désossée d'1 kg,
- 1 feuille de laurier,
- 1 bouquet de romarin,
- 1 feuille de sauge,
- 1 oignon,
- huile d'olive,
- thym effeuillé,
- sel et poivre.

Préparation de la farce :

- *foie du cabri,*
- *150 g de chair de porc hachée,*
- *150 g de blanquette de veau sans os hachée,*
- *200 g d'épinards,*
- *1 cuillère à soupe de liqueur de myrte,*
- *1 oignon blanc,*
- *1 échalote,*
- *2 gousses d'ail,*
- *thym effeuillé,*
- *1 tranche de lard fumé hachée,*
- *sel et poivre.*

Réunir les ingrédients de la farce dans un mortier. Les piler et bien mélanger le tout.

Préparation de l'épaule farcie

Placer l'épaule désossée sur un plan de travail, la garnir de farce et la rouler autour de cette farce. La ficeler en prenant soin que la farce ne puisse en sortir pendant la cuisson. Enduire l'extérieur de l'épaule d'huile d'olive. Saler et poivrer l'extérieur et saupoudrer de thym effeuillé.

Cuisson d e l'épaule

Disposer l'épaule dans un plat allant au four. Ajouter un oignon et le bouquet garni (thym, romarin, sauge et laurier) et la faire cuire vingt minutes de chaque côté.

Migiscia

La migiscia est une préparation carnée à base de viande de chèvre aromatisée et séchée au soleil. Elle est composée d'un filet de chèvre découpé en lamelles mises à macérer vingt quatre heures, dans du vinaigre aromatisé.

Ces lamelles sont ensuite soigneusement égouttées et séchées au torchon, frottées d'ail et de romarin pilés, salées, poivrées, enfilées sur des brochettes et mises à sécher au soleil.

La migiscia peut être cuisinée soit en ragoût, soit en grillade.

a) Préparation en ragoût :

Pour 4 personnes
Temps de préparation : 10 mn
Temps de cuisson : 1 h 30 mn

- *800 g de migiscia,*
- *1 poivron rouge,*
- *2 grosses tomates pelées et épépinées,*
- *50 cl de vin rouge,*
- *2 gousses d'ail écrasées,*
- *1 bouquet garni (thym, laurier, romarin),*
- *5 cl d'huile d'olive,*
- *sel et poivre.*

Faire revenir dans une casserole, les lamelles de chèvre avec de l'huile d'olive. Lorsqu'elles sont dorées, ajouter l'ail pilé, les tomates pelées et épépinées, le poivron rouge épépiné et coupé en lamelles et le bouquet garni. Verser le vin rouge et compléter avec de l'eau jusqu'à ce que les lamelles de viande soient recouvertes.

Porter à ébullition à feu vif, puis laisser mijoter, à feu doux, pendant une heure et demie en surveillant qu'il reste suffisamment de liquide pour que la viande n'attache pas.

Servir soit avec du riz, soit avec des pommes de terre cuites à l'eau.

b) Préparation en grillade :

Pour 4 personnes
Temps de préparation : 5 mn
Temps de cuisson : 10 mn

> - *800 g de migiscia,*
> - *8 tranches de pain,*
> - *3 gousses d'ail.*

Enfiler les lamelles de chèvre sur des brochettes. Les faire rôtir au dessus d'un feu de bois sur lequel vous aurez disposé une lèchefrite garnie de tranches de pain frottées d'ail pour recueillir le jus de la viande. Servir les lamelles de chèvre sur les tranches de pain.

Tripette

Pour 6 personnes
Temps de préparation : 10 mn
Temps de cuisson : 1 h 40 mn

Les tripes sont constituées par le bonnet, la caillette, le feuillet et la panse d'animaux ruminants. Pour faciliter les choses, il est préférable d'acheter un morceau de gras double étuvé qui contient tous ces constituants.

- *1,500 kg de tripes de brebis ou de bœuf,*
- *2 gros oignons,*
- *5 gousses d'ail,*
- *4 grosses tomates pelées et épépinées,*
- *25 cl de vin rosé (ou blanc),*
- *1 petit oignon piqué de 3 clous de girofle,*
- *1 bouquet garni (thym, laurier, persil, romarin),*
- *4 cuillères à soupe de saindoux,*
- *sel et poivre.*

Dans une grande marmite, faire revenir avec du saindoux, les oignons émincés et l'ail pilé. Lorsque les oignons deviennent transparents, ajouter les tripes coupées en fines lamelles et les faire sauter, à feu vif, dix minutes en tournant régulièrement. Incorporer les tomates, au préalable écrasées au mortier et le bouquet garni. Saler, poivrer abondamment. Mouiller de vin et d'un verre d'eau. Adjoindre le petit oignon piqué des clous de girofle. Couvrir et laisser mijoter, à feu doux, une heure et demie en surveillant qu'il y ait suffisamment de liquide pour que les tripes n'attachent pas. Servir celles-ci avec des pommes de terre à l'eau.

Macaronis à la sauce stuffatu

Pour 6 personnes
Temps de préparation : 15 mn
Temps de cuisson : 1 h

Cuisson des macaronis :

- *400 g de gros macaronis.*

Mettre à cuire les macaronis dans une grande casserole d'eau bouillante salée, additionnée d'huile, pendant environ quinze minutes. Les égoutter soigneusement en fin de cuisson.

Préparation de la sauce stuffatu :

- *400 g de bœuf (paleron),*
- *300g d'agneau (plat de côtes),*
- *150 de prisuttu (jambon crû),*
- *80 g de gras de jambon,*
- *250 g d'oignons,*
- *2 clous de girofle,*
- *1 kg de tomates pelées et épépinées,*
- *5 gousses d'ail,*
- *1 bouquet garni (thym, laurier, romarin, marjolaine),*
- *50 cl de vin blanc ou rosé,*
- *1 feuille de sauge,*
- *sel et poivre.*

Couper la viande de bœuf et d'agneau en gros morceaux et le prisuttu en petits dés . Emincer les oignons et les faire revenir dans une sauteuse avec du gras de jambon.

Lorsqu'ils deviennent transparents, ajouter les morceaux de viande et les dés de prisuttu. Bien remuer l'ensemble et laisser dorer cinq minutes. Incorporer les tomates coupées en menus morceaux, les gousses d'ail réduites en purée, les clous de girofle, le bouquet garni et la feuille de sauge. Saler, poivrer. Mouiller de vin blanc (ou rosé) et d'eau. Laisser cuire à couvert à feu doux environ une heure en tournant régulièrement avec une cuillère en bois. La sauce en fin de cuisson doit épaissir tout en restant coulante.

Verser la sauce dans un légumier et y mêler les macaronis égouttés.

Raviolis au brocciu

Pour 6 personnes
Temps de préparation : 1 h (si l'on prépare la pâte soi-même)
Temps de cuisson : 15 mn

Préparation de la pâte :

- *500 g de farine,*
- *3 œufs,*
- *2 pincée de sel,*
- *eau,*
- *2 cuillères à soupe d'huile d'olive.*

Sur un plan de travail, verser la farine en dôme Creuser en son centre une fontaine. Y placer les œufs entiers, l'huile d'olive, le sel et un petit peu d'eau tiède. Mélanger les ingrédients du bout des doigts en partant du centre vers l'extérieur, tout en prenant soin de ne pas laisser couler la partie liquide vers l'extérieur. Ajouter, peu à peu, de l'eau jusqu'à obtention d'une pâte ferme et élastique. La pétrir, dans la paume des mains légèrement farinée, pour obtenir une boule homogène. Etaler grossièrement la pâte, puis la pétrir à nouveau pour former une boule. Procéder ainsi trois fois, jusqu'à ce que la pâte se détache pratiquement toute seule des mains.

Laisser alors reposer au frais, dans un sac plastique fermé, la dernière boule obtenue, pendant au moins trente minutes, de manière à ce que le gluten devienne élastique.

Préparation de la farce :

- *400 g de brocciu pressé,*
- *1 petit pied de fenouil,*
- *200 g de vert de blettes,*
- *1 oignon blanc haché,*
- *1 gousse d'ail hachée,*
- *1 feuille de sauge,*
- *1 feuille de menthe,*
- *sel et poivre.*

Cuire le pied de fenouil trente minutes à l'eau bouillante salée. L'essuyer avant de l'émincer. Blanchir le vert de blettes cinq minutes également dans de l'eau bouillante salée (mais pas en même temps que le pied de fenouil), le rafraîchir à l'eau froide, l'essorer en le pressant vivement dans un torchon et le découper en fines lanières.

Hacher finement les feuilles de sauge et de menthe. Mélanger intimement tous les ingrédients : brocciu pressé, pied de fenouil émincé, lanières de vert de blette, oignon, ail, menthe et sauge hachés. Saler et poivrer.

Préparation des raviolis

Etaler la pâte reposée, sur le plan de travail légèrement fariné, afin de former une abaisse la plus mince possible. Former deux rectangles de pâte allongés, l'un étant plus long et plus large que l'autre. Répartir la farce à intervalles réguliers (espacés de cinq centimètres environ), sur le plus petit rectangle de pâte. Avec un pinceau trempé dans de l'eau tiède, mouiller la pâte entre les petits tas de farce. Recouvrir du rectangle de pâte le plus grand. Appuyer délicatement du bout des doigts de manière à souder la pâte entre les petits tas de farce.

Découper les raviolis à la roulette à pâtisserie. Avec une règle d'écolier en bois, appuyer fermement, un instant, sur les quatre côtés de chaque ravioli et les laisser sécher, sur un linge, pendant au moins une heure. Les faire cuire dans une grande casserole d'eau bouillante salée pendant cinq minutes environ et les égoutter.

Préparation de la sauce :

- *1 gros oignon blanc,*
- *2 grosses tomates bien mûres, pelées et épépinées,*
- *2 petites gousses d'ail,*
- *1 feuille de laurier,*
- *thym effeuillé,*
- *romarin,*
- *2 cuillères à soupe d'huile d'olive,*
- *1 cuillère à soupe de crème fraîche,*
- *4 feuilles de basilic hachées,*
- *1 verre de vin rosé,*
- *80 g de vieux brocciu râpé,*
- *sel et poivre.*

Faire revenir dans une casserole avec de l'huile d'olive, l'oignon et l'ail émincés jusqu'à ce que l'oignon devienne transparent. Ajouter les tomates coupées en morceaux et les épices. Mouiller avec le vin rosé et faire réduire, jusqu'à léger épaississement. Ajouter la crème fraîche et remuer délicatement.

Mettre les raviolis dans un plat allant au four. Les napper de sauce et les saupoudrer de brocciu râpé. Laisser gratiner, environ dix minutes, jusqu'à ce qu'ils commencent à dorer.

Cannellonis à la brousse de brebis

Pour 6 personnes
Temps de préparation : 1h (si l'on prépare la pâte soi-même)
Temps de cuisson : 15 mn

Préparation de la pâte

(voir recette des raviolis au brocciu page 85)

Préparation de la farce :

- *400 g de brousse de brebis pressée,*
- *300 g de vert de blettes,*
- *1 oignon blanc haché,*
- *1 gousse d'ail hachée,*
- *1 feuille de menthe hachée,*
- *sel et poivre.*

Blanchir le vert de blettes, cinq minutes, dans de l'eau bouillante salée. Le rafraîchir à l'eau froide, l'essorer en le pressant vivement dans un torchon et le découper en fines lanières. Mélanger intimement les ingrédients : brousse de brebis pressée, lanières de vert de blettes, oignon, ail et feuille de menthe hachés. Saler et poivrer.

Préparation des cannellonis

Etaler la pâte reposée, sur le plan de travail légèrement fariné, afin de former une abaisse la plus mince possible. Découper des carrés de pâte de dix centimètres sur dix. Plonger les dans de l'eau bouillante salée, additionnée d'un peu d'huile, pendant environ trois minutes. Dès qu'ils remontent à la surface les sortir à l'écumoire et bien les égoutter. Les laisser refroidir sur un torchon. Les garnir de la farce préparée et les rouler.

Préparation de la sauce :

- *100 g d'oignon rose,*
- *3 gousses d'ail,*
- *1 branche de romarin,*
- *1 pincée de thym effeuillé,*
- *3 tomates pelées et épépinées,*
- *1 tranche de coppa d'un demi centimètre d'épaisseur, coupée en petits dés,*
- *2 feuilles de basilic,*
- *1 verre de vin rosé,*
- *3 cuillères à soupe d'huile d'olive,*
- *80 g de tomme de brebis râpée,*
- *sel et poivre.*

Dans une poêle, mettre à revenir, sans toutefois blondir, l'oignon et l'ail hachés avec de l'huile d'olive. Ajouter les tomates pelées, épépinées et coupées en morceaux. Incorporer le thym, le romarin et les feuilles de basilic.

Saler et poivrer. Mouiller avec le verre de rosé et laisser réduire quelques instants. Disposer les cannellonis dans un plat à gratiner et les recouvrir de la sauce dont on aura ôté le bouquet garni. Saupoudrer copieusement de fromage râpé. Laisser gratiner à four chaud environ dix minutes.

Lasagnes au sanglier

Pour 6 personnes
Temps de préparation : 1 h (si l'on prépare la pâte soi-même)
Temps de cuisson : 45 mn
(marinade : 24h)

Préparation de la pâte

(voir recette des raviolis au brocciu page 85)

Préparation de la marinade :

- *400 g de filet (ou de gigue désossée), coupé en gros carrés,*
- *1 oignon blanc,*
- *1 carotte coupée en rondelles,*
- *20 cl de vin blanc,*
- *1 gousse d'ail coupée en quatre,*
- *6 grains de poivre,*
- *1 bouquet garni (thym, laurier, romarin),*
- *1 cuillère à soupe de vinaigre,*
- *5 cl d'acquavita,*
- *sel et poivre.*

Mettre le vin blanc dans une casserole. Y ajouter l'oignon blanc, les rondelles de carottes, la gousse d'ail, les grains de poivre, le bouquet garni, le vinaigre et l'acquavita. Saler et poivrer. Porter à ébullition et verser le contenu de la casserole sur les morceaux de viande placés dans une terrine. Recouvrir d'un torchon et laisser macérer vingt quatre heures, à température ambiante, en retournant les morceaux de viande une ou deux fois.

Préparation de la sauce à la viande de sanglier :

- *la viande de la marinade, égouttée et hachée finement,*
- *100 g de panzetta coupée en petits dés,*
- *100 g d'oignon rose,*
- *1 gousses d'ail,*
- *500 g de tomates bien mûres, pelées et épépinées,*
- *1 bouquet garni (thym, laurier, romarin, sauge),*
- *vin blanc moelleux,*
- *3 cuillères à soupe d'huile d'olive,*
- *sel et poivre.*

Emincer l'oignon et le faire revenir, dans une casserole, avec de l'huile d'olive. Lorsqu'il devient transparent, ajouter les dés de panzetta, puis la viande de sanglier hachée. Bien remuer l'ensemble et laisser dorer cinq minutes. Incorporer les tomates pelées et épépinées, en menus morceaux, la gousse d'ail réduite en purée et le bouquet garni. Saler et poivrer. Mouiller du vin blanc filtré de la marinade (complété de vin blanc à hauteur de vingt centilitres) et d'un verre d'eau. Laisser cuire à couvert, à feu doux, environ vingt minutes en tournant régulièrement avec une cuillère en bois. Oter le couvercle et faire réduire la sauce jusqu'à ce que la viande hachée affleure à la surface.

Préparation des lasagnes

Etaler la pâte reposée sur le plan de travail légèrement fariné, afin de former une abaisse la plus mince possible, sans toutefois qu'elle se déchire. Découper des rectangles de pâte d'environ quinze centimètres sur dix. Plonger les dans de l'eau bouillante salée additionnée d'un peu d'huile pendant environ trois minutes.

Dès qu'ils remontent à la surface, les sortir à l'écumoire et bien les égoutter. Les laisser refroidir sur un torchon.

Garnir le fond d'un plat allant au four, d'une couche de lasagnes. Répartir sur celle-ci de la sauce à la viande de sanglier et la recouvrir d'une fine couche de brocciu pressé émietté.

Continuer à superposer lasagnes, sauce à la viande et brocciu trois ou quatre fois selon l'épaisseur souhaitée. Terminer par une couche de lasagnes, répartir sur celle-ci, au pinceau, quatre vingt grammes de beurre fondu et recouvrir avec le reste du brocciu émietté.

Mettre à gratiner, à four chaud, vingt minutes jusqu'à ce que la surface soit bien dorée.

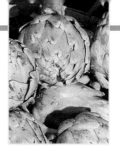

Légumes

Artichauts farcis au brocciu

Pour 4 personnes
Temps de préparation : 15 mn
Temps de cuisson : 30 mn

- *4 jeunes artichauts,*
- *250 g de brocciu,*
- *5 cl de vinaigre,*
- *1 tranche de 150 g de panzetta bien maigre,*
- *1 gousse d'ail,*
- *3 branches de persil plat,*
- *1 œuf entier,*
- *1 verre de vin blanc,*
- *sel et poivre.*

Préparation des artichauts

Prendre soin de ne pas couper les queues des artichauts, mais de les casser dans un mouvement tournant, pour en ôter les fibres qui les attachent à leur fond. Retirer selon leur dureté, une ou deux rangées de feuilles de l'extérieur. Enlever les grosses feuilles du centre de l'artichaut en laissant, au pourtour, deux à trois rangées de grosses feuilles. Par l'espace pratiqué, ôter les petites feuilles du centre non encore développées et enlever le foin à la petite cuillère, en prenant soin de ne pas abîmer le fond. Plonger chaque artichaut dans de l'eau vinaigrée pour qu'il ne noircisse pas, en attendant d'être cuit.

Lorsqu'ils sont tous parés, les mettre debout dans une cocotte. Couvrir d'eau, saler, porter à ébullition et laisser cuire vingt minutes.

Préparation de la farce

Hacher finement la panzetta, le persil et l'ail. Mélanger le tout, dans un saladier, avec le brocciu émietté et l'œuf entier Poivrer et saler modérément (la panzetta est déjà salée). Lorsque les artichauts sont cuits en farcir leur centre avec l'appareil obtenu précédemment.

Cuisson des artichauts farcis

Dans une cocotte (assez large pour que les artichauts tiennent debout côte à côte), verser de la sauce stuffatu (voir recette des macaronis à la sauce stuffatu page 83), la délayer avec un verre de vin blanc et rectifier l'assaisonnement. Y disposer debout les artichauts. Porter doucement à ébullition et laisser frémir trente minutes à couvert. En fin de cuisson, verser un peu de sauce de cuisson dans chaque assiette et y placer au centre un artichaut.

Courgettes farcies au brocciu

Pour 4 personnes
Temps de préparation : 10 mn
Temps de cuisson : 25 mn

> - *4 courgettes de 250 g,*
> - *250 g de brocciu frais,*
> - *3 gousses d'ail,*
> - *2 jaunes d'œufs,*
> - *4 cuillères à soupe d'huile d'olive,*
> - *thym effeuillé,*
> - *chapelure (éventuellement),*
> - *4 petites tomates cerises ou 4 rondelles de tomates,*
> - *sel et poivre.*

Oter les extrémités des courgettes (non pelées) et les couper en deux dans le sens de la longueur. Les faire blanchir dix minutes dans de l'eau bouillante. Les évider avec une petite cuillère. Réduire en crème la pulpe des courgettes et la mélanger au brocciu, à l'ail pilé au mortier et au deux jaunes d'œufs. Saler, poivrer et ajouter le thym effeuillé. Bien mélanger le tout et garnir les courgettes évidées de cette farce.

Saupoudrer éventuellement de chapelure et décorer avec des tomates cerises ou des rondelles de tomates. Disposer les courgettes, ainsi préparées, dans un plat allant au four au préalable badigeonné au pinceau d'huile d'olive. Badigeonner également la surface des courgettes d'huile d'olive et mettre à cuire vingt minutes à four chaud. Faire dorer quatre minutes au grill avant de servir.

Aubergines farcies à la bonifacienne

Pour 4 personnes
Temps de préparation : 20 mn
Temps de cuisson : 15 mn

Préparation des aubergines :

- *2 aubergines de 400 g.*
- *2 petites gousses d'ail,*
- *6 feuilles de basilic,*
- *2 œufs,*
- *20 g d'oignon haché,*
- *2 verres de lait,*
- *150 g de vieux brocciu râpé,*
- *200 g de mie de pain trempée dans du lait et essorée,*
- *150 g de prisuttu (jambon crû) ou de coppa,*
- *1 pincée de thym effeuillé,*
- *5 cl d'huile d'olive,*
- *sel et poivre.*

Oter les extrémités des aubergines (non pelées) et les couper en deux dans le sens de la longueur. Les faire blanchir, quelques minutes à l'eau bouillante, tout en les gardant fermes. Les mettre à refroidir. Entre temps, préparer la farce en mélangeant ensemble la mie de pain trempée et essorée, le fromage râpé, le jambon ou coppa, l'oignon et l'ail hachés, les œufs, les feuilles de basilic en fines lanières, le sel, le poivre et la pincée de thym effeuillé. Lorsque les aubergines ont refroidi, les évider à l'aide d'une petite cuillère.

Passer leur pulpe au chinois, la mélanger à la farce et en garnir les demi aubergines. Dans une grande sauteuse, les faire frire dans de l'huile d'olive sept minutes du côté peau, puis les retourner et les faire dorer encore trois minutes du côté farce. Servir ces aubergines dans un grand plat chaud en les accompagnant, selon goût, d'une sauce tomate bien relevée.

Préparation de la sauce tomate :

- *4 grosses tomates pelées et épépinées,*
- *50 g d'oignon haché,*
- *3 gousses d'ail,*
- *3 feuilles de basilic,*
- *1 branche de persil,*
- *1 pincée de thym,*
- *quelques brins de romarin,*
- *10 cl d'huile d'olive,*
- *1 tranche de coppa hachée,*
- *1 cuillère à café de sucre en poudre,*
- *sel et poivre.*

Faire revenir à l'huile, l'oignon, l'ail, le persil, le basilic, les tomates coupées en dés et la tranche de coppa hachée. Saler, poivrer, parsemer de thym et de romarin et ajouter le sucre. Laisser mijoter dix minutes à feu doux.

Variantes : Frire les aubergines légèrement et terminer la cuisson dans la sauce tomate, pendant dix minutes.

Aubergines sautées à la tomate

Pour 4 personnes
Temps de préparation : 10 mn
Temps de cuisson : 15 mn
(laisser dégorger les aubergines 30 mn).

- 2 aubergines de 400g,
- 4 tomates,
- 3 gousses d'ail hachée,
- 2 branches de menthe sauvage (népita),
- 1 petit oignon haché,
- 1 pincée de thym effeuillé,
- 10 cl d'huile d'olive,
- sel et poivre.

Peler les aubergines et couper leur pulpe en dés de deux à trois centimètres. Les disposer à plat sur un torchon et les saler légèrement pour les faire dégorger pendant trente minutes. Dès que les aubergines ont rendu leur eau, les faire sauter, dans une poêle, avec de l'huile d'olive, à feu doux, en ajoutant de temps en temps de l'huile d'olive, lorsque celle-ci aura été absorbée par la chair des aubergines. Saupoudrer en cours de cuisson d'ail, d'oignon, de thym effeuillé et de menthe hachés. Faire dorer les aubergines dix minutes en les retournant régulièrement.

Dans une autre sauteuse, faire revenir les tomates coupées en petits morceaux et saupoudrées de sucre, pendant trois minutes, en les retournant trois fois à l'aide d'une cuillère en bois. Lorsque les aubergines sont dorées tout en restant fermes, les retirer délicatement de la poêle avec une palette et les incorporer aux tomates. Saler et poivrer selon goût et remettre à feu doux, quelques minutes, en tournant délicatement jusqu'à ce qu'elles commencent à devenir tendres.

Les disposer dans un plat de service chaud et les servir accompagnées de riz. Ce plat peut également être servi froid.

Cèpes grillés

Pour 4 personnes
Temps de préparation : 10 mn
Temps de cuisson : 5 mn

> - *1 kg de gros cèpes bien ronds à gros pieds,*
> - *2 tranches de jambon crû,*
> - *150 g de vieux brocciu râpé,*
> - *thym effeuillé,*
> - *sel et poivre.*

Nettoyer soigneusement les cèpes sous l'eau courante. Enlever la partie du pied qui risque de contenir de la terre ou du sable. Les couper en deux dans le sens de la longueur. Saler leurs faces intérieures. Laisser reposer les champignons, quelques minutes, afin qu'ils rendent leur humidité excessive. Bien les sécher avec un torchon. Saler une nouvelle fois, puis poivrer leurs faces intérieures. Les saupoudrer de thym effeuillé, de tout petits dés de jambon crû et de vieux brocciu râpé. Les badigeonner d'huile d'olive et les disposer sur une plaque à pâtisserie huilée. Laisser gratiner au grill cinq minutes.

Fèves fraîches au lard

Pour 6 personnes
Temps de préparation : 10 mn
Temps de cuisson : 30 mn

- *3 kg de fèves,*
- *200 g de panzetta,*
- *1 gros oignon rose,*
- *3 cuillères à soupe d'huile d'olive,*
- *1 bouquet garni (thym, laurier, romarin, sauge),*
- *20 cl de vin blanc sec,*
- *1·pointe de piment de cayenne,*
- *sel et poivre.*

Ecosser les fèves. Les mettre dans une casserole avec de l'eau, porter à frémissement et laisser blanchir trois minutes.

Enlever la peau extérieure des fèves (les graines se sépareront alors en deux). Couper la panzetta en petits dés. Les faire revenir doucement ainsi que l'oignon émincé, dans une poêle, avec de l'huile d'olive, jusqu'à ce que l'oignon devienne transparent. Incorporer les fèves dans la poêle et continuer la cuisson trois minutes. Mouiller de vin blanc sec et de 50 centilitres d'eau. Ajouter le bouquet garni. Saler, poivrer et saupoudrer d'une pointe de piment de cayenne. Couvrir et laisser cuire vingt minutes en tournant plusieurs fois en cours de cuisson. Oter le couvercle et faire réduire quelques minutes avant de servir.

Cette recette accompagne parfaitement les viandes blanches et plus particulièrement le veau.

Rochers derrière la tour de Campomoro.

Haricots rouges

Pour 6 personnes
Temps de préparation: 10 mn
Temps de cuisson : 40 mn

- *2 kg de haricots rouges,*
- *300 g de panzetta,*
- *1 gros oignon rose,*
- *2 gousses d'ail,*
- *1 bouquet garni (thym, laurier, romarin),*
- *10 cl d'huile d'olive,*
- *20 cl de vin blanc sec,*
- *sel et poivre.*

Ecosser les haricots et les mettre à blanchir dix minutes, dans de l'eau bouillante légèrement salée. Les égoutter et les réserver.

Dans une sauteuse, mettre à rissoler la panzetta coupée en petits dés, l'ail et l'oignon émincés et le bouquet garni. Incorporer les haricots rouges écossés et les faire revenir quelques instants. Mouiller avec le vin blanc sec et cinquante centilitres d'eau. Laisser cuire vingt minutes à feu doux à couvert. Oter le couvercle et faire réduire dix minutes à feu vif.

Cette recette accompagne parfaitement l'agneau.

Storzapretis à la bastiaise

Pour 4 personnes
Temps de préparation : 30 mn
Temps de cuisson : 10 mn

- *600 g de vert de blettes,*
- *300 g de brocciu frais,*
- *2 gros œufs,*
- *1 branche de basilic,*
- *2 branches de persil,*
- *100 g de brocciu vieux,*
- *50 g de farine,*
- *sel et poivre.*

Laver soigneusement le vert de blettes et le jeter dans une casserole d'eau bouillante salée. A la reprise de l'ébullition, l'égoutter et le passer rapidement sous l'eau froide pour qu'il conserve sa fermeté.

Presser fortement, dans un torchon pour en exprimer le maximum d'humidité. En former une boule et l'émincer finement avec une lame bien aiguisée.

Dans un saladier, ajouter le brocciu frais, les œufs battus, les herbes hachées et la moitié du brocciu vieux râpé. Rectifier l'assaisonnement. Former des quenelles de la grosseur d'un petit œuf et les rouler dans la farine.

Dans une grande casserole, porter à ébullition de l'eau légèrement salée. Maintenir l'eau frémissante et y pocher successivement les quenelles qui ne doivent pas se toucher. Lorsqu'elles remontent à la surface, elles sont cuites. Les retirer alors de la casserole et les égoutter sur un torchon.

On peut soit les recouvrir de la sauce du plat qu'elles sont destinées à accompagner, puis les saupoudrer du reste de fromage râpé, soit les disposer dans un plat allant au four, les recouvrir de sauce stuffatu (voir recette des macaronis à la sauce stuffatu page 83), puis de fromage râpé et les mettre à gratiner dix minutes.

Crêpes à la farine de châtaigne

Pour environ 30 crêpes.

> - *400 g de farine de froment,*
> - *200 g de farine de châtaigne,*
> - *3 œufs,*
> - *20 cl de lait,*
> - *20 g de levure de boulanger,*
> - *2 cuillères à soupe de sucre en poudre,*
> - *1 verre à liqueur d'eau de vie de châtaigne,*
> - *1 pincée de sel,*
> - *huile.*

Préparation de la pâte

Mélanger soigneusement les deux farines dans une grande jatte. Former au centre une fontaine. Y placer les œufs. Travailler la pâte avec une cuillère en bois et délayer petit à petit avec le lait, puis l'eau de vie. Ajouter en tournant le sucre, la pincée de sel, puis la levure et l'eau jusqu'à obtention d'une pâte ayant une consistance crémeuse. Laisser lever la pâte au moins une demi-heure à température ambiante. La pâte aura tendance à épaissir sous l'effet de la levure. Ne pas rectifier avec de l'eau, mais la fouetter avant chaque utilisation.

Préparation des crêpes

Graisser avec un peu d'huile, une petite poêle (anti- adhésive de préférence) d'environ quinze centimètres de diamètre et la mettre à chauffer à feu doux.

Lorsque l'huile commence à fumer, verser à l'aide d'une louche, la quantité de pâte nécessaire pour recouvrir le fond de la poêle. Laisser prendre à feu doux deux minutes, puis retourner la crêpe et laisser cuire encore deux minutes.

Faire glisser la crêpe sur une assiette et la recouvrir d'un torchon pour qu'elle se garde chaude dans l'attente de la confection des autres crêpes.

Gâteau aux châtaignes de la Castagniccia

Pour 6 personnes
Temps de préparation : 40 mn
Temps de cuisson : 30 mn

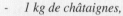

- *1 kg de châtaignes,*
- *200 g de chocolat noir,*
- *3 oeufs,*
- *100 g de sucre en poudre,*
- *1 cuillère à café de vanille en poudre,*
- *5 cl de liqueur de châtaigne,*
- *4 cuillères à soupe de farine de froment,*
- *20 g de beurre.*

Faire cuire les châtaignes dans de l'eau légèrement salée, pendant quarante minutes, à feu vif. Les peler et les passer au presse purée (tamis fin).

Dans une terrine, mélanger le sucre, la farine, un œuf entier, deux jaunes d'œufs, les châtaignes passées au presse purée, la vanille en poudre et la liqueur de châtaignes. Faire fondre le chocolat dans une casserole avec un peu d'eau et l'incorporer, dans la terrine , en tournant avec une cuillère en bois. Battre les blancs en neige bien ferme et les mêler délicatement à la pâte. Verser la préparation ainsi obtenue, dans un moule à charlotte préalablement beurré. Mettre à cuire, à four moyen, environ trente minutes.

Lorsque le gâteau a refroidi le démouler et le recouvrir d'un nappage au chocolat préparée de la manière suivante :

Préparation du nappage au chocolat :

- *150 g de chocolat noir,*
- *50 g de beurre,*
- *1 filet d'eau.*

Mettre dans une casserole, le chocolat coupé en morceaux avec un filet d'eau. Faire fondre, à feu doux, en tournant avec une cuillère en bois, jusqu'à l'obtention d'une pâte lisse et coulante.

Ajouter le beurre que l'on aura fait fondre au préalable et tourner encore, quelques instants, le mélange obtenu. En napper le gâteau . Mettre à refroidir au réfrigérateur au moins deux heures avant de servir.

Fiadone

Pour 6 personnes
Temps de préparation : 30 mn
Temps de cuisson : 40 mn

Préparation de la pâte brisée :

- *300 g de farine,*
- *125 g de sucre,*
- *1 œuf,*
- *1 pincée de sel,*
- *125 g de beurre.*

Placer la farine dans une terrine. Creuser en son centre une fontaine et y mettre le beurre ramolli (en menus morceaux), le sucre, le sel, et l'œuf battu. Mélanger délicatement les éléments, petit à petit du bout des doigts.

Lorsque les éléments sont mêlés, former une boule de pâte, puis la fraiser (cette opération consiste à travailler la pâte dans la paume des mains par petits morceaux afin de la rendre bien lisse). Rassembler les pâtons ainsi obtenus, puis recommencer l'opération précédente. Faire ensuite une grosse boule de pâte et laisser reposer au frais, pendant quelques heures, dans un linge légèrement fariné.

Etaler la pâte obtenue sur une planche à pâtisserie, jusqu'à obtention d'une abaisse d'un demi centimètre d'épaisseur. Beurrer soigneusement un moule à tarte et y disposer la pâte. Piquer le fond régulièrement avec une fourchette et saisir à four moyen dix minutes.

Préparation de la garniture :

- *400 g de brocciu frais bien égoutté,*
- *4 œufs,*
- *1 citron non traité,*
- *150 g de sucre en poudre,*
- *2 pincées de sel,*
- *5 cl de liqueur de cédrat (ou d'eau de vie corse (acquavita).*

Laver le citron et prélever avec un économe une bande de zeste de dix centimètres de long. La faire blanchir trois minutes dans de l'eau salée bouillante, l'égoutter et la hacher finement. Séparer les jaunes des blancs des œufs.

Dans une terrine, mélanger le sucre aux jaunes d'œufs jusqu'à obtention d'une crème bien lisse. Ajouter, peu à peu, le brocciu émietté, le zeste de citron haché et le petit verre d'eau de vie ou de liqueur de cédrat (ou un filet de citron). Fouetter les blancs en neige très ferme avec une pincée de sel et les incorporer, tout doucement, avec une cuillère en bois, à la préparation. Verser le mélange ainsi obtenu, dans le moule à tarte, sur la pâte pré -dorée et cuire environ trente minutes à four moyen.

Vérifier la cuisson en piquant avec la pointe d'un couteau qui doit ressortir sèche, sinon poursuivre la cuisson encore quelques minutes en surveillant que la surface ne brunisse pas trop.

Imbrucciata

Pour 6 personnes
Temps de préparation : 1h (si l'on prépare soi-même la pâte feuilletée)
Temps de cuisson : 30 mn
(Préparer la pâte feuilletée 24 h à l'avance)

Préparation de la pâte feuilletée :

- *350 g de farine,*
- *3 pincées de sel fin,*
- *eau,*
- *beurre (le poids de beurre sera déterminé par le poids de la pâte lorsque celle-ci aura atteint la consistance appropriée).*

Mettre la farine dans une terrine. Creuser en son centre une fontaine. Saler, puis délayer en versant l'eau, par petites quantités, jusqu'à obtention d'une pâte lisse et souple. La pâte primaire est ainsi obtenue.

Fariner la planche à pâtisserie et y laisser reposer la boule de pâte (ou détrempe) trente minutes. Travailler ensuite cette pâte avec la paume des mains pendant cinq minutes, puis reformer une boule. La peser et la laisser reposer trente minutes.

Entre temps, peser un poids de beurre (à température ambiante) égal à la moitié de celui de la détrempe et le débiter en fines lamelles.

Etaler ensuite la détrempe au rouleau d'un mouvement régulier et toujours dans le même sens, jusqu'à obtention d'une abaisse (pâte étalée) d'un centimètre d'épaisseur.

Appliquer des lamelles de beurre sur les deux tiers de la surface de l'abaisse sans les incorporer à la pâte (1). Plier la partie non recouverte de beurre sur la moitié de la partie beurrée (2).

Replier la troisième partie sur les deux premières (en portefeuille) (3).

Faire pivoter la pâte d'un quart de tour à droite (4) sans la retourner et l'étirer en deux ou trois coups de rouleau très légers (c'est ce qui s'appelle donner un premier tour). Placer au frais pendant vingt minutes.

Sortir la pâte, la travailler à nouveau au rouleau lentement, très légèrement et toujours dans le même sens jusqu'à obtention d'une bande d'un centimètre d'épaisseur. Recommencer un tour (1, 2, 3, 4). Etirer au rouleau deux fois très légèrement, puis replacer au frais. Répéter jusqu'à six fois la même opération. Votre pâte feuilletée est prête (il est conseillé de préparer cette pâte la veille et de la laisser reposer au frais dans un papier sulfurisé pendant la nuit).

Préparation de la garniture :

- *300 g de brocciu frais bien égoutté,*
- *3 œufs entiers,*
- *1 citron non traité,*
- *100 g de sucre en poudre,*
- *1 pincée de sel,*
- *5 cl de liqueur de cédrat,*
- *1 jaune d'œuf.*

Laver le citron. Avec un économe, prélever une bande de zeste de dix centimètres de long. La faire blanchir trois minutes dans de l'eau bouillante. L'égoutter et la hacher finement.

Séparer les jaunes des blancs des trois œufs. Dans une terrine, mélanger le sucre aux jaunes d'œufs, jusqu'à obtention d'une crème bien lisse. Ajouter peu à peu le brocciu émietté, le zeste de citron haché et la liqueur de cédrat (ou un filet de citron).

Fouetter les blancs d'œufs en neige très ferme, avec une pincée de sel et les incorporer délicatement avec une cuillère en bois à la préparation.

Etaler la pâte feuilletée, jusqu'à obtention d'une abaisse d'un centimètre d'épaisseur. Découper y six ronds de pâte d'un diamètre suffisant pour que, une fois foncée dans les moules (de huit à dix centimètres de diamètre et de deux centimètres de haut), la pâte dépasse d'environ deux centimètres les bords .

Garnir les moules, préalablement beurrés, de ces ronds de pâte et piquer le fond de chaque moule avec une fourchette. Y verser la garniture. Pincer entre le pouce et l'index, à espaces réguliers, en la ramenant vers l'intérieur, la pâte qui dépasse des moules. Cuire à four moyen trente minutes environ. Badigeonner à mi - cuisson avec un jaune d'œuf additionné d'une cuillère à café de sucre en poudre.

Flan au lait à la farine de châtaigne

Pour 6 personnes
Temps de préparation : 20 mn
Temps de cuisson : 50 mn

- *1 litre de lait,*
- *250 g de sucre,*
- *1 cuillère à soupe bombée de farine de châtaigne,*
- *1 cuillère à soupe bombée de farine de froment,*
- *1 pincée de vanille en poudre,*
- *6 œufs.*

Délayer la farine de châtaigne et la farine de froment avec un peu de lait froid. Mettre le reste du lait à bouillir dans une grande casserole avec deux cents grammes de sucre, les farines délayées et la pincée de vanille en poudre.

Laisser cuire à feu moyen, en tournant avec une cuillère en bois, pendant dix minutes. Oter ensuite la casserole du feu et laisser refroidir avant d'incorporer les œufs battus.

Dans une petite casserole, faire chauffer les cinquante grammes de sucre restants, à feu doux, avec une cuillère à soupe d'eau jusqu'à obtention d'un caramel blond. Verser le caramel ainsi obtenu dans un moule à manqué, en le répartissant bien sur toute la paroi.

Verser le contenu de la grande casserole dans le moule et mettre à cuire, à four chaud, pendant quarante minutes. Vérifier la cuisson avec la lame d'un couteau qui doit ressortir sèche. Sinon poursuivre la cuisson quelques instants. Sortir du four et laisser refroidir avant de démouler sur un plat à gâteau.

Migliacci

Pour 6 personnes
Temps de préparation : 20 mn
Temps de cuisson : 20 mn
(Prévoir de laisser reposer la pâte 4 h)

Préparation du levain :

- *25 g de levure de boulanger,*
- *5 cl de lait,*
- *1 pincée de sucre en poudre,*
- *50 g de farine de froment.*

Dans un petit bol, délayer la levure avec le lait. Ajouter la pincée de sucre, puis la farine.

Recouvrir d'un torchon et laisser lever deux heures à température ambiante.

Préparation de la pâte :

- *600 g de farine de froment,*
- *125 g de sucre en poudre,*
- *10 cl de lait,*
- *4 œufs,*
- *400 g de brocciu,*
- *3 pincées de sel.*

Dans une terrine, mélanger le sucre et la farine. Former au centre une fontaine ; y ajouter en tournant trois œufs entiers, le sel et le lait (si la pâte est trop épaisse compléter avec un demi verre d'eau). Lorsque la pâte est bien lisse, continuer à tourner en incorporant peu à peu le brocciu et le levain. Malaxer la pâte et en former une boule légèrement farinée. Laisser lever à couvert pendant quatre à cinq heures. Lorsque la pâte a levé, la malaxer à la main pour la faire retomber. Sur un linge fariné, étaler la boule de pâte obtenue, jusqu'à obtention d'une abaisse d'un demi centimètre d 'épaisseur. Prélever des ronds de pâte à l'aide d'un bol retourné et disposer ceux-ci sur une plaque à pâtisserie recouverte d'un papier sulfurisé. Avec l'œuf restant, battu avec une pincée de sel et une pincée de sucre, dorer chaque galette. Faire cuire les galettes vingt minutes à four chaud. Ouvrir le four et vérifier la cuisson. Si besoin, continuer celle-ci, quelques minutes, jusqu'à obtention d'un aspect bien doré, mais non brûlé. Enfourner de la même façon les ronds de pâte restants.

Selon la tradition, on peut placer entre le papier sulfurisé et les galettes, des feuilles de châtaignier séchées, mises à tremper depuis la veille.

Tarte aux noisettes

Pour 6 à 8 personnes
Temps de préparation : 15 mn
Temps de cuisson : 55 mn
(Prévoir de laisser reposer la pâte 3 h)

Préparation de la pâte brisée :

- *300 g de farine,*
- *150 g de beurre,*
- *1 cuillère à soupe de sucre en poudre,*
- *1 œuf entier battu,*
- *10 g de sel fin.*

Placer la farine dans une terrine. Creuser en son centre une fontaine et y mettre le beurre ramolli en menus morceaux, le sucre, le sel et l'œuf battu. Mélanger délicatement les éléments du bout des doigts. Lorsque ceux-ci sont mêlés, former une boule de pâte, puis la fraiser (cette opération consiste à travailler la pâte dans la paume des mains par petits morceaux afin de la rendre lisse). Rassembler les pâtons ainsi obtenus, puis recommencer l'opération précédente. Faire ensuite une grosse boule de pâte et laisser reposer au frais pendant quelques heures dans un linge légèrement fariné. Saupoudrer de farine une planche à pâtisserie et y étaler la pâte jusqu'à obtention d'une abaisse d'un demi centimètre d'épaisseur. Beurrer soigneusement un moule à tarte et y disposer la pâte. Piquer le fond régulièrement avec les dents d'une fourchette et saisir, à four moyen, pendant vingt minutes.

Préparation de la garniture :

- *200 g de noisettes moulues,*
- *100 g de farine de froment,*
- *3 œufs entiers,*
- *5 cl d'acquavita (ou d'armagnac),*
- *125 g de sucre,*
- *80 g de beurre,*
- *1 pincée de sel,*
- *1 pincée de vanille en poudre,*
- *quelques noisettes entières.*

Dans une terrine, mélanger les noisettes moulues, la farine, les jaunes d'œufs, le sucre, l'acquavita, le beurre préalablement fondu, la pincée de sel et la pincée de vanille en poudre, jusqu'à obtention d'une consistance fluide.

Battre les blancs d'œufs en neige très ferme et les incorporer délicatement au mélange précédemment obtenu. Garnir le fond de la tarte avec cette préparation et laisser cuire trente cinq minutes à four moyen en surveillant que la garniture ne brunisse pas excessivement. La tarte est cuite, lorsqu'une aiguille piquée dans la pâte en ressort sèche. Garnir régulièrement la surface de la tarte de noisettes entières pour la présentation. Laisser refroidir avant de servir.

Beignets de pommes au cédrat

Pour 6 à 8 personnes
Temps de préparation : 15 mn
Temps de cuisson : 20 mn
(Prévoir de laisser reposer la pâte 3 h).

Préparation de la pâte :

- *400 g de farine,*
- *4 jaunes d'œufs,*
- *3 cuillères à soupe d'huile d'olive,*
- *5 cl de liqueur de cédrat,*
- *15 g de levure de boulanger,*
- *1 verre d'eau,*
- *2 cuillères à soupe de sucre.*

Dans une terrine, disposer la farine en fontaine, y incorporer les jaunes d'œufs, l'huile, la liqueur de cédrat, la levure de boulanger et le sucre délayés au préalable dans un verre d'eau. Bien mélanger l'ensemble et laisser reposer trois heures.

Préparation de la garniture :

- *6 pommes,*
- *100 g de cédrat confit,*
- *200 g de sucre,*
- *1 gousse de vanille.*

Eplucher les pommes, les couper en quartiers et les épépiner. Les mettre dans une casserole avec trois cuillères à soupe d'eau, le sucre, le cédrat haché et la gousse de vanille. Faire cuire à feu doux environ vingt minutes jusqu'à obtention d'une compote épaisse. Oter la gousse de vanille et laisser tiédir.

Préparation des beignets :

> - *la pâte précédemment obtenue,*
> - *la compote précédemment obtenue,*
> - *4 blancs d'œufs.*

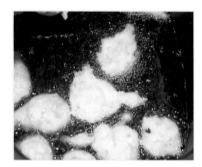

Dans une friteuse dont vous aurez ôté le panier pour que les beignets n'attachent pas, faire chauffer l'huile à 175°. Battre les blancs en neige et les incorporer à la pâte avec la compote. Prélever de la pâte obtenue avec une cuillère à dessert et la verser dans la friteuse.

Prendre soin que les beignets ne se touchent pas lorsqu'ils remontent en surface. Les tourner plusieurs fois afin qu'ils dorent de tous côtés. Les sortir de la friteuse à l'aide d'une écumoire et les mettre à égoutter sur du papier absorbant. Les servir saupoudrer de sucre cristallisé.

Canistrellis

Pour une trentaine de gâteaux
Temps de préparation : 15 mn
Temps de cuisson : 40 mn
(Prévoir de laisser la pâte reposer 2 h).

(Les canistrellis se conservant longtemps, il est d'usage d'en préparer une grande quantité)

- *2 kg de farine,*
- *400 g de beurre,*
- *200 g de sucre,*
- *5 cl d'acquavita ou de liqueur d'anis,*
- *1/2 verre de vin blanc sec,*
- *4 œufs,*
- *15 g de levure de boulanger,*
- *1 verre d'eau tiède.*

Délayer la levure, dans un peu d'eau tiède, avec une cuillère à café de sucre. Dans une terrine, disposer la farine en fontaine. Travailler avec le beurre (préalablement ramolli). Incorporer les œufs, le reste du sucre, l'acquavita, le vin blanc sec, puis la levure délayée. La pâte obtenue devra être assez dure (selon goût, on peut ajouter à la pâte soit des zestes de citron ou d'orange séchés, soit des tout petits carrés de cédrat confit, soit des raisins secs).

Laisser lever la pâte au moins deux heures, puis l'étaler au rouleau à pâtisserie jusqu'à obtention d'une abaisse d'un centimètre et demi d'épaisseur. Couper des carrés, des losanges ou des rectangles de pâte. Les faire cuire à four moyen, sur une plaque à pâtisserie huilée, pendant quarante minutes. Conserver les canistrellis , lorsqu'ils sont bien refroidis et bien secs, dans des récipients fermés pour qu'ils ne se ramollissent pas à l'humidité.

Frittellis au brocciu

Pour 6 personnes
Temps de préparation : 10 mn
Temps de cuisson : 3 mn
(Prévoir de laisser reposer le levain et la pâte au total 5 h)

Préparation du levain :

- 15 g de levure de boulanger,
- 50 g de farine,
- 10 cl d'eau tiède,
- 1 cuillère à soupe de sucre en poudre.

Délayer la levure de boulanger, dans un peu d'eau tiède, avec la farine et le sucre. Recouvrir d'un linge et laisser reposer trois heures à température ambiante.

Préparation de la pâte :

- 450 g de farine,
- 20 cl de lait,
- 2 œufs,
- 1 cuillère à soupe de zeste d'orange râpé,
- 100 g de sucre,
- 300 g de brocciu frais pressé,
- 1 pincée de sel.

Dans une terrine, disposer la farine en fontaine. Incorporer les œufs, puis petit à petit le lait, le sucre, le levain, la cuillère à soupe de zeste d'orange et la pincée de sel. Laisser lever deux heures de manière à ce que la pâte est doublée de volume.

Préparer un bain de friture à 175° (ôter le panier pour que les beignets ne s'y accrochent pas en cuisant). Découper des petits carrés de brocciu pressé et les envelopper de pâte. Mettre à frire en évitant que les fritellis ne se touchent. Lorsqu'ils sont dorés de tous les côtés, les sortir à l'aide d'une écumoire et les laisser égoutter sur du papier absorbant. Les servir saupoudrés se sucre cristallisé.

Variété de douceurs corses : frittellis, panzarottis, canistrellis...
Le brocciu fait partie dans la confection de certains gâteaux tandis que la farine de châtaigne constitue la matière première des beignets.

Panzarottis

Pour 6 à 8 personnes
Temps de préparation : 15 mn
Temps de cuisson : 3 mn
(Prévoir de laisser reposer le levain et la pâte au total 1 h 30 mn).

Préparation du levain :

- *50 g de farine,*
- *1 verre d'eau tiède,*
- *2 cuillères à soupe de sucre,*
- *15 g de levure de boulanger.*

Dans une petite terrine, disposer la farine et le sucre et mouiller avec le verre d'eau tiède dans lequel vous aurez au préalable délayé la levure de boulanger. Couvrir d'un linge et laisser lever une heure au minimum.

Préparation de la pâte :

- *350 g de farine,*
- *4 œufs,*
- *175 g de sucre,*
- *1 pincée de sel,*
- *5 cl d'acquavita,*
- *1 zeste de citron,*
- *3 cuillères à soupe d'huile d'olive,*
- *150 g de riz rond.*

Dans une grande terrine, disposer la farine en fontaine et placer en son centre les jaunes d'œufs, le sucre, la pincée de sel, l'acquavita, le zeste de citron haché et l'huile d'olive. Bien mélanger l'ensemble et laisser reposer quinze minutes. Pendant ce temps, cuire le riz dans de l'eau bouillante très légèrement salée. Lorsque celui-ci est cuit, l'incorporer à la pâte avec le levain et les blancs d'œufs battus en neige très ferme. Bien mélanger et laisser reposer au frais trente minutes.

Cuisson des panzarottis

Prélever des boules de pâte avec une cuillère à dessert et les faire frire dans un bain de friture à 175°. Les retourner de tous les côtés, lorsqu'ils remontent à la surface afin qu'ils dorent régulièrement. Les sortir à l'écumoire et les égoutter sur du papier absorbant. Les servir saupoudrés abondamment de sucre cristallisé.

Le port de Propriano est un centre très actif de tourisme et une des principales stations balnéaires de Corse.

Sciaccis au brocciu et aux raisins secs

Pour 6 personnes
Temps de préparation : 20 mn
Temps de cuisson : 35 mn
(Prévoir de laisser reposer la pâte 3 h).

Préparation de la pâte brisée :

- *500 g de farine,*
- *125 g de sucre,*
- *3 œufs,*
- *80 g de beurre ou 4 cuillères à soupe d'huile d'olive,*
- *1 pincée de sel.*

Placer la farine dans une terrine. Creuser en son centre une fontaine et y mettre le beurre ramolli (en menus morceaux) ou l'huile, le sucre, le sel et les œufs battus. Mélanger délicatement les éléments petit à petit du bout des doigts. Lorsque ceux-ci sont mêlés, former une boule de pâte, puis la fraiser (cette opération consiste à travailler la pâte dans la paume des mains afin de la rendre bien lisse). Rassembler les pâtons ainsi obtenus, puis recommencer l'opération précédente. Faire ensuite une grosse boule de pâte et laisser reposer au frais, pendant quelques heures, dans un linge légèrement fariné.

Etendre la pâte brisée au rouleau sur une planche à pâtisserie légèrement farinée jusqu'à obtention d'une abaisse d'un demi centimètre d'épaisseur et y découper des ronds de dix centimètres de diamètre.

Préparation de la garniture :

> - *400 g de brocciu,*
> - *100 g de raisins secs,*
> - *50 g de sucre,*
> - *1 verre de liqueur d'acquavita,*
> - *1 pincée de sel.*

Dans une terrine, écraser le brocciu. Ajouter le sucre, les raisins secs, l'acquavita et la pincée de sel. Bien mélanger l'ensemble.

Préparation des sciaccis

Garnir le milieu des ronds de pâte brisée de la préparation au brocciu. Replier la pâte en forme de chausson et souder les bords en les badigeonnant d'eau tiède et en les pinçant.

Disposer les sciaccis, sur une plaque à pâtisserie préalablement huilée et les faire cuire, à four moyen, environ trente cinq minutes jusqu'à ce qu'ils deviennent bien dorés. Les retourner à mi cuisson.

Table des recettes

Viandes, Volailles et Gibiers

Pâtes

Légumes

© Mars 1999. Éditions Gisserot
Ouvrage imprimé en France par Pollina, Luçon 85
Photogravure d'Aquitaine Bordeaux 33
N° d'impression : 88318
Édition 2003
Imprimé en France